健康长三角
理论与实践丛书

总主编　严隽琪

长三角跨省异地就医门诊费用直接结算

经验、挑战与治理路径

张录法　李　力 —— 著

Direct Settlement of Outpatient Fees
for Cross Provincial Medical Treatment
in the Yangtze River Delta Region

上海交通大学出版社
SHANGHAI JIAO TONG UNIVERSITY PRESS

内容提要

　　本书系"健康长三角理论与实践丛书"之一。异地就医"结算烦"的问题长期存在，为解决群众的这一急难愁盼问题，长三角地区于2018年率先开展异地就医门诊费用跨省直接结算试点。本书从门诊费用跨省直接结算的问题缘起、历史沿革、时代机遇、政策内涵、实施效果、现存问题等方面，对长三角的试点做了全面的介绍与分析，并在梳理借鉴国际相关成功经验的基础上，对门诊费用跨省直接结算在长三角乃至全国的进一步推进提出了短期、中期和长期优化建议。本书适合卫生健康领域尤其是医疗保障领域的学者、研究人员和从业者参考阅读。

图书在版编目（CIP）数据

　　长三角跨省异地就医门诊费用直接结算：经验、挑战与治理路径 / 张录法，李力著 . —上海：上海交通大学出版社，2023.5

　　（健康长三角理论与实践丛书）

　　ISBN 978-7-313-27914-9

　　Ⅰ.①长…　Ⅱ.①张…　②李…　Ⅲ.①长江三角洲—医疗保险—支付方式—研究　Ⅳ.①F842.613

　　中国国家版本馆CIP数据核字（2023）第035200号

长三角跨省异地就医门诊费用直接结算：经验、挑战与治理路径
CHANGSANJIAO KUASHENG YIDI JIUYI MENZHEN FEIYONG ZHIJIE JIESUAN：
JINGYAN、TIAOZHAN YU ZHILI LUJING

著　　者：张录法　李　力			
出版发行：上海交通大学出版社	地　　址：上海市番禺路951号
邮政编码：200030	电　　话：021-64071208
印　　制：苏州市越洋印刷有限公司	经　　销：全国新华书店
开　　本：710mm×1000mm　1/16	印　　张：14.5
字　　数：185千字	
版　　次：2023年5月第1版	印　　次：2023年5月第1次印刷
书　　号：ISBN 978-7-313-27914-9	
定　　价：69.00元	

版权所有　侵权必究

告读者：如发现本书有印装质量问题请与印刷厂质量科联系

联系电话：0512-68180638

"健康长三角理论与实践丛书" 序

　　我们每个人既是健康事业的建设者，又是受益者；既改变着健康环境，又受健康环境的影响。习近平总书记在2016年召开的全国卫生与健康大会上强调，要将健康融入所有政策，人民共建共享。2020年2月14日，习近平总书记在中央全面深化改革委员会第十二次会议上又强调，确保人民群众生命安全和身体健康，是我们党治国理政的一项重大任务。这为"健康中国"的实现指明了方向。

　　"全健康"需要摆脱单一的线性思维，身心兼顾、"防、治、康"并重，"医、工、理、文、体"一体化成为其重要的内涵。因为健康与科学知识、专业技术、药物器械等的进步有关，又与公共服务、金融服务、卫生政策、市场环境等系统的完善密不可分，所以现代健康事业离不开学科交叉、行业创新与全社会的合作；离不开大数据、互联网、精密机械、人工智能等高新技术的日新月异；离不开基层社会治理水平的不断完善；离不开优秀传统文化的挖掘承扬。"全健康"既是国家强盛的表现，更是国民福祉所系。

　　当今世界，各种要素的流动空前活跃，任何一个人、一个家庭、一个城市、一个省份，甚至一个国家都很难独善其身。在健康这个问题上，人类命运共同体的概念尤为突出。但从概念到现实，需要付出巨大的努力。长三角一体化已成为国家战略，长三角是在中国属于各方面基础条件较好的地方，如何能够在区域一体化方面率先作出探索，多省市协同，让长三角的老百姓尽快获得更普惠的高质量的卫生健康服务，让健康长三角成为健康中国的先行区，并形成经验，对全国的健康事业做出积极贡献，当是长三角的历史责任。

上海交通大学健康长三角研究院在2019年首届健康长三角峰会上宣告成立，这是区域协同、学科交叉的全新尝试，是上海交通大学积极承担社会责任和服务国家战略的充分体现，是该校勇于推进教育改革和开放式办学优良传统的继续。健康长三角研究院成立以来始终致力于贯彻落实"健康中国"和"长三角区域一体化"国家战略，立足长三角、放眼全中国，打造跨学科、跨部门、跨区域的政、事、产、学、研、创、智、用的开放式平台，力争边建设、边发挥作用。

正是基于此，上海交通大学健康长三角研究院决定推出"健康长三角理论与实践丛书"，旨在打造一套符合国情、凝聚共识、总结经验、推进合作的书系。本丛书将全面收集和梳理沪苏浙皖等省市在推动"健康中国"和"长三角区域一体化"国家战略进程中的主要举措、独特优势和角色定位，力图从体制机制、能力建设、人才培养以及风险监管等多个维度为各地推动健康长三角建设提供理论成果与实践借鉴。

期待"健康长三角理论与实践丛书"的推出，对推动健康领域研究，促进长三角健康事业发展，提升人民健康福祉，实现"健康中国"做出新贡献！

严隽琪

2020年9月

自　序

人口的跨区域流动不断为我国社会与经济的高速发展注入动力。然而，人口流动既蕴含着价值，也伴随着问题。由于我国医疗保险制度的统筹层次仍处于较低水平，异地就医产生的费用须患者先垫付，待返回参保地后才能报销，这使得异地就医"结算烦"的问题日益凸显。

为了更大程度地增进民生福祉，彻底解决异地就医"结算烦"难题，2018年9月，长三角三省一市在国家医疗保障局以及人力资源和社会保障部的支持下，主动而为，在全国率先开展了门诊费用跨省直接结算试点。这是国家改善民生的重要决策部署，是推进医保支付体系改革、增进人民健康福祉的重要举措，有效解决了长期困扰人民群众的急难愁盼问题。

随着该试点的不断推进与深入，相关工作取得了可喜成效，形成了诸多可复制的经验，但也仍面临着不少待解决的难题。2021年初，门诊费用跨省直接结算工作已逐步由长三角三省一市向更大范围扩展，全国推开的步伐不断加快。鉴于此，进一步对长三角试点所取得的成效、经验及面临的问题进行梳理与总结，具有重要的理论与实践意义。《长三角跨省异地就医门诊费用直接结算：经验、挑战与治理路径》一书由此而生。

通过对既有文献资料的系统梳理，本书首先详细介绍了长三角异地就医结算问题的缘起及长期探索的历程，并在系统分析时代所赋予的机遇的基础上，对试点工作的政策内涵进行了阐释。进一步地，基于对长三角三省一市多地的实际调研，本书对试点所取得的成效以及至今所遇到的阻碍与问题进行了详细总结。为寻找攻玉之石，本书还重点梳理了国际上几个代表性国家的基本医疗保障制度与医保异地结算情况，在此基础上对门诊费用跨省直接结算工作在长三角乃至全国的进一步推进提出了建议。

　　本书成稿过程中，得到了来自长三角地区多个政府部门、专业机构、高等院校及科研机构的大力支持，尤其要感谢上海市医疗保障局、长三角区域合作办公室相关领导和专家对本书研究内容的指导！感谢上海市（市本级、静安区、浦东新区、嘉定区等）医疗保险事务中心，浙江省嘉兴市、湖州市医疗保障局及医保中心，江苏省苏州市医疗保障局及医保中心，安徽省马鞍山市医疗保障局，以及上海市瑞金医院、仁济医院、中山医院、肿瘤医院、华山医院等部门与机构对本课题研究给予的数据支持！同时感谢吕大伟、黄丞、许永国、董恩宏等专家教授对本书撰写给予的指导，并感谢张孝栋、王晶、杨光、尹婷、冀滋升、冯雪等对本书做出的贡献！

　　跨省异地就医直接结算是我国医保体系改革的重要抓手，切口虽小但意义深远。希望此书的出版，能帮助读者更好地理解与把握长三角跨省异地就医门诊费用直接结算政策实施的前因、现况及挑战，助力政策在全国推开进程中行稳致远的同时，为我国医疗保险事业做出绵薄贡献！

张录法

二〇二二年七月

前　言

随着20世纪70年代末改革开放的实施和户籍制度的松动，流动人口成为我国一个重要的人口现象。流动人口能为流入地经济社会发展注入人口红利，有效缓解流入城市劳动力结构性短缺的矛盾，促进流入地经济发展；但相关政策跟进不及时、不协同，也使流动人口在医疗、教育、居住等方面遇到了不少问题。其中，在就医方面，由于我国医保统筹层级长期停留在县、市层面，参保居民异地就医后必须要经过一系列手续才能完成医保报销，稍有差错可能还要多次往返于就医地和参保地，很是烦琐。"结算烦"问题已经成为居民就医过程中日益凸显的"异地之痛"。

一、"异地之痛"凸显，长三角寻求突破意愿迫切

我国医保制度实行"属地化管理"，医保基金在各统筹地区内统一筹集、支付和管理，不同医保制度之间、不同统筹区之间的差异显著，带来了医保结算的"异地之痛"。长期以来，居民异地就医需要先垫资再返回参保地报销，周期长且手续烦琐，增加了患者负担的同时，也给医保经办与监管带来了诸多困难。

长三角地区是当前我国经济社会发展最快速的地区之一。其多方面的特征决定了它破解医保结算异地之痛的需求更为迫切。首先，长三角的人口流动十分频繁，且以跨省流动为主，这就决定了长三角具有更为庞大的异地就医需求。其次，长三角地区的医疗资源分布并不均衡，

上海、南京、杭州等地因其高水平的医疗资源，对跨省、跨区域患者拥有极强的吸引力。最后，长三角地区居民的异地参保比例不高，流动人口参保仍以户籍地为主，这也决定其跨省结算难题更为突出。

二、破解"异地之痛"，长三角开启了长期的探索

从2008年起，长三角地区即开始逐步探索跨省异地就医费用直接结算模式，目标是实现三省一市医保"一卡通"结算。这一探索先后经历了三个阶段：① 2008—2010年的委托代理结算模式（医保经办机构代报销），即参保地医保经办机构委托就医地医保经办机构代为办理异地就医人员的医疗费用报销；② 2010—2016年的部分城市之间点对点的互联网实时结算模式，即两个城市之间的参保人在指定城市或医院就医的医疗费用通过互联网进行实时结算，结算时患者只需缴纳个人自付部分，不再需要先垫付后报销；③ 2016—2018年的跨省异地就医住院医疗费用直接结算模式，也就是现在推行的通过结算平台实现多地区、多机构互通的互联网实时结算模式，此模式是在原来点对点结算基础上的网络化升级。然而，此阶段的异地就医直接结算仅局限于跨省异地就医的住院患者，门诊作为患者就医的首道关口，具有就诊数量大、发生频繁等特点，实现异地门诊费用直接结算困难重重，进一步破解异地门诊费用直接结算问题已成为长三角破解患者"异地之痛"的最后一道难关。

三、历史机遇，长三角率先破解异地门诊结算难题

为了积极应对人民群众日益增长的异地就医需求，增强居民跨省异地就医的医疗服务可及性，在住院费用直接结算快速推进的基础上，长三角地区三省一市于2018年在全国率先开展了跨省异地就医门诊费用直接结算试点，正式将跨省异地就医直接结算工作从住院扩展到门诊环节。

长三角在此时开展异地就医门诊费用跨省直接结算试点，既源于

长三角自身的需求,也源于时代所赋予的机遇。一是国家发展向"以人民为中心"转变。"以人民为中心"的发展思想的确立,意味着新时代的医保体系建设不再以服务经济增长为目标,而是以不断增进人民福祉、满足人民美好生活需要为己任。二是国家医保体系改革进入新阶段。2018年国家医疗保障局成立,整合了此前分散在人社、民政、卫计委、发展改革委等多个部门的相关职能。我国医疗保障改革与制度建设至此由部门分割、政策分割、经办分割、资源分割、信息分割的旧格局,进入统筹规划、集权管理、资源整合、信息一体、统一实施的新阶段。三是长三角一体化战略促进跨省协同。长三角地区是我国经济最具活力的区域之一,长三角区域一体化发展已上升为国家战略。这无疑是给长三角异地就医门诊费用直接结算试点工作又加了一道政策保障,为其顺利实施按下了"快进键"。四是信息技术的发展打破了医保跨省直接结算的技术壁垒。这使得医保跨省直接结算的巨量数据实时传输成为可能,从而实现"让数据多跑路,让百姓少跑腿"。

四、攻坚克难,长三角试点逐步扩围、稳步推进

不可否认的是,长三角跨省异地就医门诊费用直接结算试点在推进过程中仍面临诸多问题:一方面,医保跨省结算涉及多方利益主体,包括医疗服务需求方、医疗服务提供方、卫生行政部门、医保管理部门等,各利益主体之间存在一定的利益冲突,试点有序推进面临协同困境;另一方面,各地信息化建设并不均衡,信息的互联互通基础不牢,存在联网结算的技术困境。

在国家医疗保障局的指导下,长三角三省一市医保部门按照"坚持分级诊疗、立足现有基础、分步有序推进"的总体原则,按探索、扩围、提质增效的步骤,分三个阶段稳步推进长三角跨省异地就医门诊费用直接结算试点,同步协调推进结算政策、经办、信息、监管等工作,大力推动了异地就医门诊费用直接结算试点工作。

长三角三省一市推进跨省异地就医门诊费用直接结算工作中有许多亮点，如创新工作机制，构建跨部门、跨区域协同平台；信息互联互通，打造医保异地门诊结算系统；先试点、后推广，逐步推动跨省异地就医门诊费用直接结算政策落地；基于制度规范，持续优化、简化门诊结算方案等，解决了跨省异地就医门诊费用直接结算政策实行过程中会遇到的一些问题，实现了长三角门诊费用跨省直接结算工作的落地及优化，并为其他省市落实跨省异地就医门诊费用直接结算政策提供了经验借鉴。

五、初见成效，长三角试点推行顺利、有序可控

试点政策推行后，实施效果究竟如何，还需要进一步地分析与评估。通过对2018年9月—2020年9月长三角异地就医费用跨省直接结算的相关数据以及针对长三角41个城市的民众问卷调查结果的分析，我们发现长三角门诊费用跨省直接结算政策的推行较为顺利，就医秩序总体有序可控。一是政策惠及更多的参保人员，政策实施以来长三角异地门诊结算的人数、人次与总费用均呈显著增长态势。二是实现互惠互利，苏浙皖与上海居民均有获得感，不但苏浙皖流入上海的患者获得结算便利，许多从上海流向苏浙皖的患者也同样享受到实惠。三是患者受益面广，有效满足了参保人的不同需求，不仅在一定程度解决了长期异地参保人员的日常看门诊需求，以及异地住院患者的住院前置门诊结算需求，而且在很大程度上解决了临时转诊参保人员的重大疾病就医需求。四是整体异地就医有序可控，结算便利并未激化跨区域的患者"虹吸效应"。

六、仍存障碍，破解异地门诊结算难题任重道远

尽管门诊费用跨省直接结算试点的范围在不断扩大，直接结算人数持续增加，但长三角依然还有一部分异地参保人延续传统做法回参保地进行人工报销。换言之，参保人异地门诊便利结算需求还未得到充分满足。为进一步寻求破解之道，本书对政策实施以来还存在的问题进行了

梳理，比较突出的是以下五个方面：一是病种覆盖不全面。部分"门诊慢特病"尚未完全实现门诊费用跨省直接结算，参保人仍需先垫付再报销。二是医保政策不统一。各地区医保政策存在较大差异，医保目录、起付线、报销比例等均未能统一，这给直接结算工作带来了许多困难，例如报销比例差距的因素导致很多参保人宁可选择回参保地进行手工报销，因为这样做更加划算。三是结算平台不稳定。异地就医结算平台的搭建是一个极其复杂的过程，其系统链条很长，包含多个环节，任何一个环节出现问题都会导致患者无法直接结算。四是异地就医难监管。由于监管权责混乱，同时医患双方信息不对称，使得"医患同谋""过度医疗"在异地就医过程中出现的可能性更高。五是政策宣传待加强。我们的调研结果显示，仍有超过半数受访者并不知道异地就医可以直接刷卡结算，这表明门诊费用跨省直接结算政策的普及度还不够，尤其需要针对老年人等重点人群加强宣传。

七、他山之石，医保跨区结算的国际实践与经验

美国、加拿大、英国、德国的基本医疗保障制度与医保异地结算情况在国际上具有一定的代表性，本书将通过对其实践与经验进行深度解析，来探讨我国医保跨区结算的未来之路。从医保异地结算的机制出发，这四个国家的异地就医结算情况大致可以划分为三类：① 全国统一模式（英国、德国）；② 地方分治模式（美国）；③ 统分结合模式（加拿大）。不同模式之间存在较大的差异，其中"全国统一模式"实现异地就医便利结算比较容易，基本上是从根源上解决了这一问题；而"地方分治模式"由于地区（州）之间的差异过大，异地就医结算问题较为严重，解决起来相对困难；"统分结合模式"则居于前两者之间。虽然这些代表性国家在医疗卫生体制和福利水平等方面有别于中国，但他山之石可以攻玉，其实践经验有可供我国学习借鉴之处，大致可以总结出以下几点：① 提高医疗保险统筹层次；② 推进长期异地居住、工作人员医保关

系的便利转换；③ 合理有序推进医保政策的统一；④ 搭建高效率的信息共享平台,加强医保跨省协作。

八、未来展望,异地就医直接结算持续改进之路

全面做好异地就医门诊费用直接结算工作仍然任重道远,目前跨省异地门诊费用直接结算已在全国范围推进,长三角在推广自身成功经验的同时,也将迎来更大的挑战,需要长三角各地政府进一步关注和重视,加大投入,掌握新情况,解决新问题。

短期来看,我们仍需着眼基础工作,为医保全国结算夯实基础:一是打通数据壁垒,实现信息的互联互通,建立完善统一的信息平台;二是推进数字转型,完善医保经办服务,进一步统一经办流程,实现医保经办服务的现代化升级;三是加大政策宣传力度,普及异地结算政策,让更多老百姓尤其是重点人群享受到"以人民为中心"的发展改革的福利。

中期来看,在夯实基础的前提下,在政策层面助力医保结算的跨省协同:一是推进医保基金的监管创新,探索完善跨区域与跨部门协同监管模式,利用数据优势实现智慧监管,引入定点机构和参保人的信用管理;二是统一区域异地结算政策,逐步统一门慢、门特病种范围及医保目录;三是对长期异地居住人员的就医地同质化管理,从底层逻辑上破解异地结算难题。

长期来看,应尝试从更高层面探索异地就医问题的解决之道:一是从跨区域医疗资源配置入手,落实跨区域分级诊疗制度,有效缓解跨区域的患者"虹吸"问题;二是探索医疗保障的全国统筹,从源头上解决目前所遇到的异地就医结算难题。

目　录

第五章　初见成效 / 103

第一章

异地之痛

随着20世纪70年代末改革开放的实施和户籍制度的松动,流动人口成为我国的一个重要人口现象。国家卫生健康委员会发布的《中国流动人口发展报告2018》显示,自20世纪80年代后,中国流动人口规模呈现出大规模、常态化流动趋势,流动人口总量占比高达18%以上[①]。数量庞大的流动人口对社会具有全局性、系统性、持久性的影响,它能为流入地经济社会发展注入人口红利,有效缓解人口流入城市劳动力结构性短缺的矛盾,促进流入地经济发展,有效扩大内需,促进区域协调发展。与此同时,人口流动也给教育、医疗、居住、社会治理等领域带来了诸多问题。就医作为民众的刚性、核心需要,大规模的人口流动必然衍生大量的异地就医需求。然而,由于我国医保统筹长期停留在县、市层面,参保居民异地就医后必须要办理一系列手续才能完成医保报销,稍有差错可能还要多次往返,很是烦琐。随着人口流动的规模化、常态化以及医保覆盖的扩大化,异地就医结算烦问题已经成为居民就医过程中日益凸显的"异地之痛"。

一、异地就医结算问题的产生与危害

(一) 异地就医结算问题的产生

1. 我国医疗保障体系改革的路径沿袭

1985年,国务院批转了原卫生部起草的《关于卫生工作改革若干政策问题的报告》,由此中国的医改正式启动[②]。1994年开始的"两江试点"标志着我国医疗保障体系从计划经济时代下的公费医疗逐步向社

① 国家卫生健康委员会.中国流动人口发展报告2018[M].北京:中国人口出版社,2010.
② 罗益勤.坚持改革 利在人民:学习《关于卫生工作改革若干政策问题的报告》[J].中国医院管理,1985(10):10-13.

会主义市场经济下的社会医疗保险变革[①]。此后，中国的医疗保障制度经历了渐进式改革发展过程，逐渐走向从计划经济体制下的公费医疗和劳保医疗转向社会医疗保险的改革道路。从1998年到2010年间，中国政府先后搭建起城镇职工基本医疗保险（简称城职保）、新型农村合作医疗（简称新农合）和城镇居民基本医疗保险（简称城居保）为主体的基本医疗保障体系。如图1-1所示，我国基本医疗保障体系覆盖的人群逐步扩大，覆盖率呈现显著上升趋势。2016年之后，"新农合"与"城居保"合并为城乡居民基本医疗保险（简称城乡居保），推动了基本医疗保障体系的进一步完善。目前，我国基本医疗保险覆盖超过13.6亿人，参保比例稳定在95%以上，成为世界上最大的医疗保障网络。

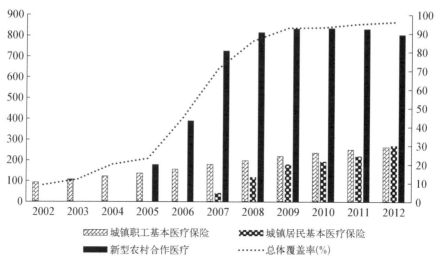

图1-1 中国医疗保险覆盖率变化

资料来源：中国国家统计局和卫生统计信息中心。

与快速扩面的巨大成绩相对照的是，我国医疗保险制度的发展基本沿袭了"静态社会"的路径，基本都采取了属地管理的原则，并且出

---

① 王东进.求医疗保险客观规律之真 务参保人员身体健康之实[J].国际医药卫生导报,2004（21）：5-7.

于可行性的考量,统筹层次基本以地市级甚至县市级为主。比如《国务院关于建立城镇职工基本医疗保险制度的决定》(国发〔1998〕44号)中规定:基本医疗保险原则上以地级以上行政区(包括地、市、州、盟)为统筹单位,也可以县(市)为统筹单位,北京、天津、上海3个直辖市原则上在全市范围内实行统筹(以下简称统筹地区)。所有用人单位及其职工都要按照属地管理原则参加所在统筹地区的基本医疗保险,执行统一政策,实行基本医疗保险基金的统一筹集、使用和管理。铁路、电力、远洋运输等跨地区、生产流动性较大的企业及其职工,可以相对集中的方式异地参加统筹地区的基本医疗保险[①]。

《国务院办公厅转发卫生部等部门关于建立新型农村合作医疗制度意见的通知》(国办发〔2003〕3号)中规定:新型农村合作医疗制度一般采取以县(市)为单位进行统筹。条件不具备的地方,在起步阶段也可采取以乡(镇)为单位进行统筹,逐步向县(市)统筹过渡[②]。《国务院关于开展城镇居民基本医疗保险试点的指导意见》(国发〔2007〕20号)也规定对参保居民实行属地管理[③]。《国务院关于整合城乡居民基本医疗保险制度的意见》(国发〔2016〕3号)规定:城乡居民医保制度原则上实行市(地)级统筹,各地要围绕统一待遇政策、基金管理、信息系统和就医结算等重点,稳步推进市(地)级统筹[④]。

2. 人口流动给制度带来的挑战

我国异地就医结算烦问题,主要源于我国医疗基本保险制度改革路径沿袭所导致的明显碎片化特征,集中体现在制度碎片化和区域碎

① 占伊扬.坚守初心是医院和医保共同发展的基石[J].中国医疗保险,2019(7):27-28.
② 贾康,张立承.改进新型农村合作医疗制度筹资模式的政策建议[J].财政研究,2005(3):2-4.
③ 中华人民共和国国务院.国务院关于开展城镇居民基本医疗保险试点的指导意见(国发〔2007〕20号)[J].山东政报,2007(15):14-16,1.
④ 国务院.国务院关于整合城乡居民基本医疗保险制度的意见[J].首都公共卫生,2016,10(1):1-4.

片化上①。其中，区域碎片化是造成参保流动人口医疗保险异地报销"不便捷"的主要障碍。原因在于，我国医保制度实行"属地化管理"原则，流动人口需要参加所在统筹地区（即户籍地）的基本医疗保险，医疗保险基金也是在各统筹地区内统一筹集、支付和管理的。换言之，区域碎片化使得流动人口在流入地就医过程中存在"本地"与"外地"之分，进而催生跨越医疗保险统筹区的"异地就医"行为。流动人口在进行医保异地报销之前，必须在户籍所在参保地进行行政审批，然后在就医地的定点医院就诊并垫付全部医疗费用，最后再回到原参保地的医保部门办理一系列烦琐的报销手续。报销程序烦琐，持续时间长，由此而产生的"跑腿"报销难和"垫支"负担重等痛点和难点问题，致使流动人口难以在"外地"享受必要的医疗卫生服务，同时获得与"本地人"同样便捷的医疗保障。部分研究表明，区域碎片化引致的医疗保险异地报销的"不便捷"，会降低流动人口的卫生服务利用效率，阻碍流动人口的自由流动，降低劳动力资源的配置效率，不利于城镇化进程的进一步推进。例如，由于新农合在异地就医方面的体制性障碍会造成农村流动人口医疗保险异地报销的"不便捷"，进而会降低农村流动人口外出务工的可能性；而对于那些已经在统筹地区以外工作的农村流动人口而言，参加新农合则会显著提高其回流意愿②③。

随着市场经济和社会各项事业的飞速发展，全国各地的人口流动愈发频繁，呈现出大规模、常态化趋势，比如去外地帮子女带小孩的老人，常驻外地工作的上班族，还有跟在父母身边但户口还在老家的孩子，等等。"生在故里，身在他乡"，已经成为亿万中国人的生活写照。

---

① 孙淑云，郎杰燕.中国城乡医保"碎片化"建制的路径依赖及其突破之道[J].中国行政管理，2018（10）：73-77.
② 秦雪征，郑直.新农合对农村劳动力迁移的影响：基于全国性面板数据的分析[J].中国农村经济，2011（10）：52-63，76.
③ 秦雪征，周建波，辛奕，等.城乡二元医疗保险结构对农民工返乡意愿的影响：以北京市农民工为例[J].中国农村经济，2014（2）：56-68.

大量的人口流动带来了大量的异地就医需求。然而,囿于医疗保险制度的碎片化,相对于本地居民就医而言,流动人口的医保报销流程更为烦琐,一般需要先垫付再回参保地办理一系列报销手续才能完成医保报销,若出现问题可能还要多次往返参保地和就医地。2018年8月26日,央视就曝光了一起异地就医来回跑了6次依然未能报销的典型案例①。异地报销手续繁杂、报销比例差异大、各地区报销目录不衔接等诸多问题导致了异地就医报销的尴尬境地,国务院、医保局也频频发声,如何在稳定医保基金的同时助力异地就医报销走出困境成为焦点。

典型案例

据媒体报道,2018年8月27日,国务院第二十四督察组抵达贵州后,接到群众反映,一位参保地在贵州安顺市普定县、但常住地在贵阳市的患者,在医院住院治疗后没能直接结算,拿材料回参保地报销,结果因医保经办机构要求其提供"奇葩"证明,患者及家人前后跑了6次,至今仍然未能报销。

第一次去办理,负责医保经办的工作人员告诉他们,需要先办一张新农合的存折。第二次去又说缺少患者张女士的证件照。好不容易证件齐全了,第三次去工作人员又不在,值班人员不肯接收材料。第四次去虽然材料被接收了,但又告知他们缺一个医保定点医院的证明。因为证明没开着,又去了第五次,结果又新增要求开一个就医医院是三甲医院的证明。因为贵阳市妇幼保健院本来就是医保定点的三级甲等医院,所以不同意开这两个证明。夫妻俩又去问医保机构,结果没有这两个证明就报不了。就这样,患者张女士一家3个人前后跑了6趟,花了2个月时间也没能报销。

---

① 异地就医难:贵州一异地就医患者跑六趟未能报销[EB/OL].(2018-08-29)[2022-07-15].http://news.cctv.com/2018/08/29/ARTIfedm66TZOrTIgFZf1DWl180829.shtml.

"六趟未能报销"的背后，不单是"最多跑一次"的办事理念没有在基层得到落实，更是一些基层工作人员没能端正态度，缺乏为公众着想的服务意识。在各级部门都在简化行政审批程序的当下，当地的医保经办机构却还抱残守缺让患者开具"奇葩"证明，这样的做法显然需要反思。

资料来源：《异地就医跑六趟没报销，问题在哪》，载于2018年8月27日《新京报》。

（二）异地就医不能直接结算带来的危害

1. 给异地就医患者带来不便

（1）患者需要垫付大额费用。在异地就医的参保人群中，大部分是老年人、儿童以及因病症特殊而需要转院治疗的患者，这一类人群的收入水平较低，而且医药费的高低与疾病的轻重程度紧密相关，如果由这类人群先垫付整个治疗期间的医药费，部分患者需要先行垫付数万元甚至是十几万元的医疗费用，给参保人员造成了沉重的经济负担，这些显然不符合医保制度设置的初衷。

（2）政策差异大，异地报销难。首先，异地医疗报销范围狭窄。异地就医人员必须选择在定点的医疗机构就诊，否则费用不能报销。这本身就限制了报销的范围。其次，现行的医保制度实行属地化管理，各医保统筹地区在对门诊或住院报销比例、基本医疗保险药品目录等规定上差异明显。异地就医过程中使用的药品、检查、治疗项目、床位标准必须符合参保地的基本医疗保险用药目录、诊疗项目目录、医疗服务设施项目目录的有关规定，不在其目录范围内的也不予报销。由于各地区的筹资水平、起付线、报销比例和报销封顶线等不尽相同，会导致异地就医直接结算的医疗费用显著高于参保地，但实际报销费用远低于参保地的状况，这极大地增加大了异地就医人员的经济负担。

（3）往返报销极不方便。新医改实行以后，为了满足居民的异地就医需求，各地先后采取了不同举措允许异地就医，规定由原统筹地区的医保经办机构给予报销①。但总的来说，居民在异地医疗费用的报销过程中面临诸多障碍。首先，异地医疗费用报销的程序十分繁杂。一般而言，居民在进行异地就医前，需要先向参保地医保机构提出申请，经批准后方可享受报销。在进行报销时，患者必须提供常规的医疗费用开支明细清单和发票、出院或诊断证明外，还需其提供复式处方、检查单、医院有关部门盖章的病例等各式各样的证明材料，很多患者往往因为缺乏少部分材料而无法按时报销，加大了异地就医人员报销的难度；尤其是目前慢病高发，部分慢病患者长期居住在参保地以外的地区，患者的病情需要长期多次就诊配药，为了报销医疗费用必须多次往返就医地与参保地。其次，因报销医药费的程序较为烦琐，参保人必须同时向保险经办机构出示票据、病史、出院记录、费用清单等凭据，使得大部分的参保人因材料收集不全而多次往返于就医地与参保地，除了增加参保人员的精力和财力损耗外，也是对社会资源的浪费。

2. 给医保经办机构带来困扰

手工报销不仅仅是患者单方面感觉麻烦，经办机构审核查验记录办理的压力也很大，需要消耗大量的管理成本。各省区市之间还没有实现医保信息互联互通；基本医保统筹层次低，大多以县市一级为统筹单位，普遍没有建立省级结算中心；医保报销范围和报销比例各地存在较大差异。此外，由于医疗保险地区政策上的差异，参保地医保经办机构与异地医疗机构、参保人员及异地医保经办机构之间缺乏统一的监管机制和制约机制，同时也缺乏地区之间的沟通和必要的协作，这使得

---

① 戴伟,龚勋,王森森,等.医疗保险异地就医管理模式研究述评［J］.医院管理论坛,2009,26（12）：41–44.

原医保经办机构很难对参保人员异地就医情况进行监控，因此，医保经办部门查验记录办埋等压力也很大，需要消耗大量的管理成本。

3. 对医保基金安全产生威胁

一方面，部分异地就医患者基于自身利益考虑，也可能会通过"小病大养"和"医患合谋"等方式骗取医疗保险基金。另一方面，当异地就医患者需要返回户籍参保地进行医保报销时，其所提供的病历和票据等证明材料的真伪难以得到核实，"骗保"的现象时有发生。这些都使得户籍地医保经办机构对异地就医医疗服务行为及医疗费用稽核变得困难重重，最终影响到了参保人员的切身利益和医疗保险基金的运行安全。

二、长三角破解医保结算异地之痛的迫切意愿

（一）人口流动十分频繁，长三角异地就医需求庞大

1. 长三角流动人口规模巨大

人口流动是实现生产要素空间再配置的基础途径之一，同时还是助推城市发展的有效手段。作为中国改革开放的排头兵和经济增长的重要引擎，长三角地区因经济快速发展，吸引了大量流动人口的迁入，成为我国人口最为稠密且流动人口数量最为庞大的地区，为长三角区域一体化发展提供了充沛的劳动力资源。根据第七次全国人口普查数据显示，2020年，我国流动人口为37 582万人，与2010年相比，流动人口增长了69.73%。十年来，人口流动趋势更加明显，流动人口规模进一步扩大。上海市以42.14%的流动人口占比，高居全国流动人口占比的首位；浙江（占比为39.58%）和江苏（占比为27.92%）的流动人口比重也稳居全国前列（见图1-2）。

2. 人口的跨省流动成为主流

随着国家交通网络的逐步建设，以及长三角城市群的高速发展，长三角区域对跨省流动人口的吸引力逐渐增强，成为我国跨省流动人口

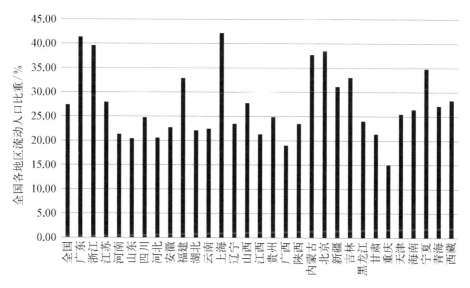

图1-2　2020年全国各地区流动人口占比

资料来源：第七次全国人口普查数据。

的主要聚集区之一①。目前,长三角区域流动人口的流动范围呈现明显扩大趋势,人口跨省级行政区流动逐步成为主流。数据显示,长三角区域跨省流动人口的比重从2010年的64.4%上升至2017年的71.7%(见表1-1)。现阶段,我国医保统筹进程已逐步由市级统筹向省级统筹过渡,距离全国统筹还有很长的距离,跨省就医结算问题是目前异地就医的主要矛盾。长三角跨省流动人口比重大,也使得这一问题更为突出。

表1-1　长三角区域流动人口流动范围及比重

人口流动情况		流动人口比重/%		
		2010年	2015年	2017年
流动范围	跨省流动	64.4	73.9	71.7
	省内跨市	25.2	17.3	18.2
	市内跨县	10.4	8.8	10.1

资料来源：第七次全国人口普查数据。

———————

① 劳昕,沈体雁.中国地级以上城市人口流动空间模式变化:基于2000和2010年人口普查数据的分析[J].中国人口科学,2015(1):15-28,126.

　　长三角区域内部流动仍是长三角人口流动的主要走向。如表1-2所示，尽管区域外流动人口占长三角全部流动人口的比例由2000年的24.18%增加至2015年的38.44%，区域内流动人口占长三角全部流动人口的比例由2000年的75.82%下降至2015年的61.56%，但仍可以看出，长三角区域内流动人口构成了长三角全部流动人口的主体，前者的占比保持在60%以上。

表1-2　2000—2015年长三角流动人口概况

类　别	2000年		2010年		2015年	
	人数/万人	比例/%	人数/万人	比例/%	人数/万人	比例/%
总流动人口	2 109	100.00	4 844	100.00	5 133	100.00
区域外	510	24.18	1 855	38.29	1 973	38.44
区域内	1 599	75.82	2 989	61.71	3 160	61.56

资料来源：长三角三省一市2000年第五次人口普查、2010年第六次人口普查及2015年1%人口抽样调查资料。

　　在长三角三省一市中，上海对苏浙皖三省流动人口的吸引能力不断增强，上海成为长三角区域内吸引跨省流动人口的核心节点（见表1-3）。具体来看，2015年至2017年间，苏浙皖流动至上海的人口比例基本是逐年增加，其中江苏流动至上海的人口比例由2015年的5.95%上升至2017年的7.26%；同期，浙江流动至上海的人口比例由1.97%增加至2.33%；安徽流动至上海的人口比例最高，由11.35%上升至11.99%。上海几乎成为长三角人口净流入城市，流出人口非常少，由上海流动至苏浙皖的人口比例不足1%。

　　此外，安徽成为最大的人口输出省份。由表1-3可以看出，2015年以来，从安徽流动至江苏和浙江的人口比例虽呈逐年下降趋势，比如安徽流动到江苏的人口从2015年的14.77%下降至2017年的12.64%，流动至浙江的人口由2015年的12.86%下降至2017年的11.57%，但依然保持在10%以上，这说明江苏和浙江对来自安徽的流动人口仍有较强

表1-3　长三角区域内流动人口流动方向

人口流动方向	2015年	2016年	2017年
江苏流动至上海	5.95%	7.32%	7.26%
浙江流动至上海	1.97%	2.23%	2.33%
安徽流动至上海	11.35%	11.51%	11.99%
上海流动至江苏	0.07%	0.38%	0.13%
浙江流动至江苏	1.41%	1.08%	1.21%
安徽流动至江苏	14.77%	12.77%	12.64%
上海流动至浙江	0.07%	0.05%	0.05%
江苏流动至浙江	1.70%	1.40%	1.46%
安徽流动至浙江	12.86%	11.65%	11.57%
上海流动至安徽	0.00%	0.00%	0.00%
江苏流动至安徽	0.17%	0.42%	0.33%
浙江流动至安徽	0.30%	0.32%	0.38%
江苏省内部流动	21.79%	16.41%	27.23%
浙江省内部流动	7.44%	7.44%	7.55%
安徽省内部流动	20.12%	26.99%	15.86%

资料来源：由国家卫健委全国流动人口动态监测调查数据整理而来。

的吸引力。而安徽流动至上海的人口则呈逐年增加的趋势，在沪的安徽籍流动人口比例由2015年的11.35%上升至2017年的11.99%，显示出上海对来自安徽的流动人口的吸引力在逐年增强。

3. 流动人口向"常住型"转变

人口流动呈现出家庭化的趋势，由"候鸟双栖型"向"常住型"转变，携带亲属如孩子、孩子的（祖）父母一起流动成为常态。据统计，上海市、浙江省、安徽省和江苏省流动人口长期定居（居住5年及以上）的群体依次占比61.6%、43.31%、41.55%和37.45%[①]。这种趋势不仅仅出现在长三角，根据全国流动人口动态监测数据，2011年至2017年，我国流动人口住户规模为1人的占比从26.0%下降到18.4%；住户规模为2人

---

① 诸萍.新时代下长三角地区劳动年龄流动人口的变动趋势[J].嘉兴学院学报,2019,31（5）:55-64.

的比例从25.4%上升到28.1%；住户规模为3人、4人或5人的比例则从48.7%上升至53.5%，占比超过一半①。

此外，近几年老年流动人口数量持续增长。如表1-4所示，55岁及以上人群的占比呈现了上升态势，从2015年的3.88%升至2017年的4.67%。相比青壮年，老年人口的健康风险高、医疗需求大，长期定居在异地的老年人口比例上升，进一步增加了长三角异地就医需求。

表1-4　长三角区域内流动人口分布及其变化趋势

年　　龄	2015年	2016年	2017年
15～24岁	14.11%	11.66%	10.42%
25～34岁	37.54%	40.01%	40.67%
35～44岁	28.09%	27.57%	26.25%
45～54岁	16.38%	15.90%	17.99%
55岁及以上	3.88%	4.86%	4.67%

资料来源：由国家卫健委全国流动人口动态监测调查数据整理而来。

综合上述分析，长三角区域流动人口规模巨大，以跨省流动为主，并逐步向"常驻型"转变，这样的人口流动特征意味着更为庞大的异地就医需求的产生。2019年国家医保局异地就医备案的数据显示，备案到上海就医的有78万人次，数量位居全国第一，备案到上海人次最多的省区市前五位中，长三角就有安徽、浙江②。

（二）医疗资源分布不均，长三角跨省就医吸引力强

长三角地区一直是我国医疗资源的"高地"，拥有一批高水平的医科大学与科研院所，以及一批全国顶尖的三甲医院。复旦大学发布的2019年度中国医院排行榜显示，综合排名前百的医院中长三角区域共有26所。在长三角三省一市中，上海的医疗服务能力和水平更是走在

---

① 林进龙：新时期中国人口迁移流动的十个特征［EB/OL］.（2021-07-13）［2022-09-01］. https://www.chinathinktanks.org.cn/content/detail/id/j4qg0t77.

② 王伟俊.长三角异地就医结算 上海在行动［J］.上海信息化,2019（11）：54-56.

亚洲前列,可与新加坡、东京、首尔等亚洲医学发达城市比肩。

长三角如此丰富的优质医疗资源,必定对异地患者产生较强的吸引力。根据《2019年度全国三级公立医院绩效考核国家监测分析有关情况的通报》显示[1],2019年全国三级公立医院异地就医患者达588.2万例,住院患者流入最多的省份前五位分别是上海、北京、江苏、浙江和广东。在前五名中,长三角就占了三席。

在长三角,异地就医已成为当地医疗服务的重要部分,占整体医疗服务量的比重越来越大。以上海为例,2011—2019年上海医院的外来门急诊人次从866.6万(占全市的4.3%)上升至1 655.9万(占全市的9.7%),外来出院人数从60.4万(占全市的22.5%)上升至140.9万(占全市的30.0%)。2019年的上海全市医疗费用中,外省市患者就医的费用达到283.33亿元,占全市总医疗费用的15.09%;三级医院住院费用中近30%为外省市患者就医所产生的费用。

表1 5 2011 2019年上海医院外来就医的变化情况

时 间	外来门急诊人次		外来出院人数	
	人次数/万	占全市比例/%	人数/万人	占全市比例/%
2011	866.6	4.3	60.4	22.5
2019	1 655.9	9.7	140.9	30.0

资料来源:① 李芬,金春林,王力男,等.上海市外来就医现状及对医疗服务体系的影响分析[J].中国卫生经济,2012,31(12):42-45.

② 朱碧帆,李芬,王力男,等.2019年上海市卫生总费用核算结果与分析[J].中国卫生经济,2021,40(4):57-62.

(三)异地参保比例不高,长三角跨省结算问题突出

1. 流动人口医保参保率呈现上升趋势

图1-3显示了2015—2017年长三角区域内流动人口社会医疗保险整体参保情况的变化。如图1-3所示,2015年以来,参加社会医疗保险

---

① 李一陵.绩效考核助推医院高质量发展[J].中国卫生人才,2021(5):10-11.

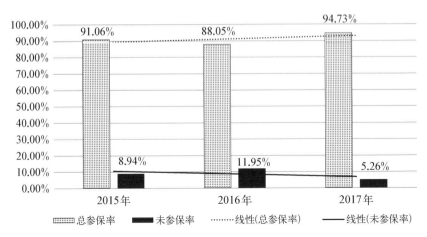

图1-3　2015—2017年长三角流动人口社会医疗保险参保率总体变化趋势

的流动人口比重整体上呈现逐渐递增的趋势（虽然2016年下降了3.01
个百分点），由2015年的91.06%增长至2017年的94.73%，增长幅度达
3.67个百分点。

2. 流动人口医保参保仍以户籍地为主

图1-4显示了2015—2017年流动人口社会医疗保险参保地点的整
体变化趋势。2015年以来，在户籍地参加社会医疗保险的流动人口占
全部参保人数的绝对比重，稳定在70%以上；而在居住地参保的流动

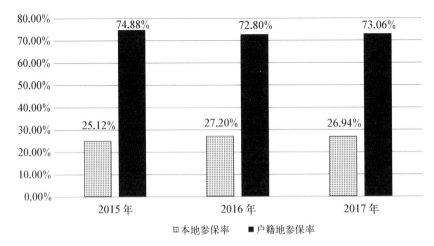

图1-4　2015—2017年社会医疗保险参保地点的总体变化趋势

人口占全部参保人数之比仅在25%左右。可以看出,大部分流动人口仍然选择在户籍地参保,在居住地参保的比例相对较低。

表1-6进一步汇总了长三角流动人口不同参保制度在不同参保地点的差异变化情况。

表1-6 社会医疗保险分险种参保地点差异及变化趋势

时间	新农合		城职医保		城居医保		城乡居医保		公费医疗	
	居住地	户籍地	居住地	户籍地	居住地	户籍地	居住地	户籍地	居住地	户籍地
2015	2.46%	97.54%	89.62%	10.37%	46.46%	53.54%	15.38%	84.61%	46.67%	53.33%
2016	2.37%	97.63%	90.42%	9.58%	46.38%	53.62%	26.25%	73.65%	55.56%	44.44%
2017	1.79%	98.21%	89.79%	10.21%	42.05%	57.94%	17.84%	82.16%	52.94%	47.06%

由表1-6可知,在户籍地参加新农合的人数占比保持在95%以上,而参加城职医保的流动人口则大多选择在居住地参保,在居住地参加城职保的比例保持在90%左右。就城乡居医保来看,在户籍参加城乡居医保的比例仍然显著高丁在居住地参保的比例,在户籍地参保的比例稳定在80%左右,仅有20%左右的流动人口在居住地参加城乡居医保。

第二章

长期探索

长期以来,我国政府及相关部门一直在努力推进实现基本医疗保险异地就医直接结算。2009年,人力资源和社会保障部、财政部在《关于基本医疗保险异地就医结算服务工作的意见》(人社部发〔2009〕190号)中指出:加强和改进异地就医结算服务的基本原则和指导思想是以人为本、突出重点、循序渐进、多措并举;要以异地安置退休人员为重点,提高参保地的异地就医结算服务水平和效率;要加强就医地的医疗服务监控,大力推进区域统筹和建立异地协作机制,方便必须异地就医参保人员的医疗费用结算,减少个人垫付医疗费,并逐步实现参保人员就地就医、持卡结算[①]。此后,各个省份也相继出台了相应的政策。

　　长三角作为我国社会经济最发达、城镇化进程最迅速的地区之一,区域内各地间的联系紧密,区域内的人口流动情况较全国其他地区也更加明显,各地参保居民跨市甚至跨省就医的现象颇为普遍。长三角各省市政府及医保部门根据区域内经济社会发展状况,结合医疗保险工作实际,按照“因地制宜、多种方式、分步推进、经济便捷”的原则,合理确定服务对象和结算模式,并通过“一个合作平台、四项经办协作”的方式,加强各地经办机构之间的交流合作,全面推进区域内异地结算工作科学、有序、平稳展开。

　　从2008年起,长三角地区开始逐步探索跨省异地就医费用直接结算模式,将实现三省一市医保“一卡通”结算作为总体目标,以上海为中心,江苏省、浙江省和安徽省在异地就医人员较为集中、医疗保险信息系统相对完善的统筹地区,从委托代理结算模式到部分城市优先实行异地就医医疗费用联网结算等,率先建立起异地就医结算协作机制。总的来说,2008年至2018年这十年时间,长三角地区对异地就医直接

① 关于基本医疗保险异地就医结算服务工作的意见(人社部发〔2009〕190号)[EB/OL].(2010-07-22)[2022-07-18].http://www.gov.cn/ztzl/ygzt/content_1661142.htm.

结算模式的探索共分为三个阶段：一是2008—2010年，以委托代理结算（医保经办机构代报销）模式为主；二是2010—2016年，长三角部分城市开始实现互联网实时结算；三是2016—2018年，长三角地区基本实现了跨省异地就医住院医疗费用直接结算（见表2-1）。

本章主要围绕这三个阶段，以时间轴的形式对长三角医保异地就医直接结算改革探索进行回顾、梳理，对其成效及问题进行分析、归纳。

表2-1　长三角跨省异地就医费用直接结算探索总览

阶段	探索时间	内涵	细化模式	探索城市	优势	不足
委托代理结算阶段	2008—2010年	参保地社保经办机构委托就医地社保经办机构代为办理异地就医人员的医疗费用报销	①跨省市的异地报销：单边委托代理模式与双边委托代理模式；②同省/市范围内的"同城待遇"	上海、嘉兴、杭州、南通、湖州、常州、马鞍山、宁波等	只需合作的城市之间进行点对点的联网，实施起来相对更容易；节约时间、经济成本	增加了医保费用经办的行政成本；需经办人员熟练掌握代办地医保目录政策，易出错；依然需要参保人先行垫付费用后报销
互联网实时结算阶段	2010—2016年	医保经办机构及定点医疗机构可以通过在系统间进行数据交换完成参保人员异地就医费用的直接结算	"医保互通"模式；丹阳模式；海宁模式；银行卡发放模式等	上海、南通、丹阳、海宁、盐城等	参保人结算费用时只需支付医疗费用中个人自负部分，无须垫付其他费用	各参保地对参保人备案手续的要求不一，部分地区需要提供就医地的证明，部分地区对备案设置相应的期限等
住院费用直接结算阶段	2016—2018年	通过跨省异地就医信息平台完成社保经办机构之间的数据传输和费用结算，参保人的跨省异地就医住院费用可以"刷卡结算"	在国家整体布局的基础上，各省市分别进行探索，无明显的模式间的区别	江苏省内探索；上海41家医院率先接入系统等	医保基金开始跨区域流动，结算方式的改变将倒逼医保政策逐步统一；彻底打破了"参保地"与"就医地"的地域间隔	仅局限于跨省异地就医的住院患者，相关结算系统仍然未充分开发

一、委托代理结算阶段（2008—2010年）

（一）委托代理结算模式的内涵及推行进程

1. 委托代理结算模式的内涵

异地就医费用委托代理结算模式，是指参保地医保经办机构委托就医地医保经办机构代为办理异地就医人员的医疗费用报销。两地通过签署服务协议，建立医疗费用委托报销的协作机制，将异地就医的医疗费用委托给当地的医保经办机构代为审核支付。审核支付的依据和待遇支付标准按照参保地的有关规定[1]。

在长三角跨省异地就医费用直接结算探索的早期，各地市之间普遍采用这种模式。在实践中，该模式又可以从是否跨省/市及是否双边进行细分。长三角区域跨省市的结算模式主要是以上海为中心开展的，主要包括沪嘉、沪湖和沪杭等模式。其中，沪嘉、沪湖模式为单向委托结算模式，即嘉兴、湖州医保经办机构可为上海参保人办理代报销业务，上海医保经办机构不可为嘉兴、湖州参保人办理代报销业务；沪杭模式为双向委托代理结算模式，即上海、杭州两地互相设立委托代理点，已经参保的异地就医人员住院结算后凭借相关费用的明细、票据等直接到就医地所在的医保经办机构的委托办理窗口进行住院费用的报销结算[2]。以杭州参保人到上海就医为例，参保人在就诊时先用现金全额支付，然后凭医保卡、费用发票等在上海医保经办机构报销，当场即可取回垫付款；上海医保部门再和杭州医保部门另行结算。

2. 长三角各城市推广委托代理结算模式的进程

长三角跨省异地就医委托代理结算自2008年3月上海与嘉兴首先开展单向委托代理结算作为开端。2008年3月，浙江省嘉兴市社保局率

① 王虎峰, 元瑾. 医保异地就医即时结算五大模式[J]. 中国医院院长, 2014(20): 67-69.
② 薛慧, 顾原瑗. 参保人异地就医报销就像在参保地一样方便——上海与浙江"手拉手"[J]. 中国医疗保险, 2009(7): 48-50.

先与上海市松江区医保中心签订了医疗费用代办报销服务协议。此时
嘉兴与上海签订的代办报销服务协议是委托代理结算模式的初期探索，
还是单向委托代理结算。2008年7月，上海首先与杭州市建立异地就医
协作机制，采取双向委托代理结算模式；2008年8月，湖州和上海签署
医疗保险单向代报销服务协议；2009年10月，上海市与宁波市启动医
保费用异地报销双向代办服务；同年，上海市，江苏省的南京、苏州、无
锡、常州、扬州、镇江、南通、泰州市，浙江省的杭州、宁波、湖州、嘉兴、绍
兴、舟山、台州市等地，以委托代理结算方式启动了异地结算工作。截至
2010年12月，首批参与医疗保险合作专题的上海、南京、镇江、扬州、泰
州、南通、常州、杭州、宁波、湖州、嘉兴、台州、苏州、无锡、绍兴、舟山16
个城市均已启动异地就医结算工作，各城市探索情况如表2-2所示。

表2-2　长三角跨省异地就医委托代理结算模式进展时间表

时间	省市	结算模式	官方文件	基 本 做 法
2008年3月	上海、嘉兴	单向委托代理结算	《医疗费用代办报销服务的协议》	先在上海办妥异地就医关系转移手续，并选择上海松江区医保中心为报销单位，然后和嘉兴市社保局签订代办报销的委托协议
2008年7月	上海、杭州	双向委托代理结算	《关于沪杭两地委托结报对方参保人员医疗费的协议》	不论上海参保人在杭州看病还是杭州参保人在上海看病，都可以就医时在医院支付现金，然后在就医地的医保经办机构委托办理窗口进行报销
2008年8月	上海、湖州	单向委托代理结算	《医疗保险代报销服务协议》	上海参保人在湖州看病，就医时先在医院支付现金，然后凭上海医保卡到湖州医保经办机构所设的委托办理窗口进行报销
2009年7月	上海、江苏南通、常州及安徽省马鞍山	双向委托代理结算	《参保人员异地就医医疗费用委托报销协议》	上述城市的参保人定居在对方城市的，参保人完成在参保地的医保经办机构的登记备案及居住地指定的医保经办机构办理委托报销手续之后，如果在居住地医保定点医疗机构就医，产生的医疗费用可以至居住地指定的医保经办机构办理报销

续　表

时间	省市	结算模式	官方文件	基 本 做 法
2009年10月	上海、宁波	双向委托代理结算	无	居住在上海的宁波市参保人可以直接在上海市闸北区医保中心办理医疗费用的报销；长期居住在宁波的上海市参保人员在宁波也享有同等待遇
2009年11月	江苏、上海、浙江、安徽		《长三角地区医疗保险经办管理服务合作协议》	逐步建立实现长三角地区基本医疗保险定点医疗机构的互认机制，逐步建立长三角地区异地就医经办服务协作机制，逐步建立基本医疗保险医疗费用代报销合作机制等
2010年	江苏、上海		《长三角地区医疗保险异地就医合作专题》	实现了异地就医费用互相代为报销的协作，上海与南通还实现了医保异地就医的联网实时结算
2010年9月	上海与江浙皖3省12个地级市	双向委托代理结算	《医保异地报销协议》	上海与江浙皖3省12个地级市签订了医保异地报销协议，初步实现了早期的异地医保合作互认，为基本医疗保险异地就医实时结算奠定了基础
2010年12月	上海与江浙皖3省16个城市	全部开启委托代理结算，部分开始探索互联网实时结算	无	首批参与医疗保险合作专题的上海、南京、镇江、扬州、泰州、南通、常州、杭州、宁波、湖州、嘉兴、台州、苏州、无锡、绍兴、舟山等16个城市均已启动异地就医结算工作

（二）委托代理结算模式及比较分析

1.“沪嘉”“沪湖”等地的单向委托代理结算模式

2008年3月，浙江省嘉兴市社保局与上海市松江区医保中心签订了医疗费用代办报销服务的协议。根据协议，凡在嘉兴自购房屋或因投亲而居住在嘉兴的上海参保人，可先在上海办妥异地就医关系转移手续，并选择上海松江区医保中心为报销单位，然后和嘉兴市社保局签订代办报销的委托协议。签订协议的上海参保人在嘉兴定点医院看病，先用现金全额支付医疗费用，然后将医保卡、费用发票等材料交给嘉兴社保局，嘉兴社保局相关人员每周去1次松江区医保中心代办报销，报销款则通过银行或邮汇直接给参保人。嘉兴社保局为上海参保人代办报销，不收取任何费用①。但是仅限于上海参保人在嘉兴进行异地报销，嘉兴参保人在此阶段不能在上海进行异地报销。

2008年8月，湖州和上海签署医疗保险代报销服务协议，根据上海医保中心和湖州医保中心签署的医疗保险代报销服务协议，上海参保人在湖州看病，先在医院支付现金，然后凭上海医保卡到湖州医保局所设的服务窗口报销，但仅限于上海参保人在湖州异地报销，湖州参保人还不能在上海异地报销②。

2."沪杭""沪甬"等地的双向委托代理结算模式

2008年7月，上海首先与杭州市建立异地就医协作机制，采取双向委托联网报销结算模式，实现了医保联网，完善了医疗保险信息网络。2008年7月，杭州市医保局与上海市医保中心正式签订《关于沪杭两地委托结报对方参保人员医疗费的协议》，根据双方签署的协议，在上海和杭州之间的医保异地报销是双向的，不论上海参保人在杭州看病还是杭州参保人在上海看病，都先在医院支付现金，然后在就医地报销。因此，常住上海的杭州参保人员，生病就医后可直接在上海市医保部门结算报销，无须返回参保地报销，医疗费垫付问题将在一定程度上得到缓解。同样，常住杭州的上海人在杭州看病也可享受这一待遇。这就意味着，假如杭州老人退休后跟随子女定居上海，到上海当地医保定点医院看病，自己先付现金，然后就可凭相关票据到上海医保经办机构特设窗口按杭州医保相关政策结算费用，不用再返回杭州报销③。

2009年10月，上海市与浙江省宁波市启动医保费用异地报销双向

---

① 长三角探路医保互通 浙江上海年内实现异地报销［EB/OL］.（2008-09-05）［2022-07-18］.http://news.sohu.com/20080905/n259383951.shtml.

② 异地报销：长三角探路医保互通［EB/OL］.（2008-09-05）［2022-07-18］.https://zjnews.zjol.com.cn/system/2008/09/05/009911400.shtml.

③ 长三角地区部分城市探索医保人员异地报销模式［EB/OL］.（2008-08-22）［2022-07-18］.http://www.gov.cn/govweb/jrzg/2008-08/22/content_1077301.htm.

代办服务,居住在上海的宁波市参保人员可以直接在上海市闸北区医保中心办理医疗费用的报销;长期居住在宁波的上海市参保人员在宁波也享有同等待遇。其中值得注意的是,协议规定患者可以自由选择上海或者宁波的医保药品目录。也就是说,宁波参保人员在上海报销医疗费时,其基本医疗保险用药范围可选择按照宁波医保规定或上海医保规定执行,但一次报销不能同时选择执行两地的规定;基本诊疗项目、医疗服务设施及其分类支付标准(指乙类诊疗项目、医用材料的自付比例),以及报销待遇,包括个人账户资金的使用、门(急)诊医疗费的自负段标准和共付段个人承担比例、住院医疗费的起付标准和个人承担比例、医保基金的最高支付限额标准等均按照宁波医保有关规定执行①。同年,上海市,江苏省的南京、苏州、无锡、常州、扬州、镇江、南通、泰州市,浙江省的杭州、宁波、湖州、嘉兴、绍兴、舟山、台州市,以联网实时结算或委托代理结算方式启动了异地结算工作。

3. 两种委托代理结算模式的比较分析

"沪嘉""沪湖"等地的单向委托代理结算模式是跨省就医费用异地报销探索的开端。此阶段在很大程度上方便了上海参保人的异地就医医疗费用结算,也为之后的双向委托代理结算打下了技术、业务等方面的基础。但是"沪嘉""沪湖"的单向委托结算模式仅限于上海参保人获得便利②,而嘉兴、湖州参保人不能在上海进行异地报销,这种单向委托结算模式显失公平,对嘉兴、湖州参保人员来说没有任何便利,还会被分掉一部分医疗资源。

与"沪嘉""沪湖"的单向委托代理结算模式比较来看,"沪杭""沪甬"的双向委托代理结算模式优势明显:① 使异地就医结算模式更具公平性,根据上海市医保局与杭州市医保局签署的协议,在上海和杭州

① 上海与宁波市启动医保费用异地报销双向代办服务[EB/OL].(2009-10-28)[2022-07-18].http://www.gov.cn/jrzg/2009-10/28/content_1450657.htm.
② 沪杭两地将启动医保人员异地报销双向代办服务[EB/OL].(2008-12-01)[2022-07-18].http://www.gov.cn/govweb/fwxx/jk/2008-12/01/content_1164501.htm.

之间的医保异地报销是双向的，不论上海参保人在杭州看病还是杭州参保人在上海看病，都先在医院支付现金，然后就医地报销。两地医疗资源互通互用，且报销手续相同，这对两地参保人员来说更加便利和公平。② "沪杭""沪甬"等地的双向委托代理结算模式完善了医保信息网络，为之后的互联网直接结算打下了基础，也积累了经验。

（三）长三角区域委托代理结算模式范围不断扩大

2009年3月，在湖州召开的长三角城市经济协调会上，16个城市签署协议设立"长三角地区医疗保险合作专题"，推动更多的城市开展医保费用异地报销双向代办服务。同年，《长三角地区医疗保险异地就医费用结算实施方案》出台。

2009年7月起，上海市医保局与江苏省南通市、常州市及安徽省马鞍山市医保局签订的《参保人员异地就医医疗费用委托报销协议》正式生效，其中规定：协议城市中定居在对方地区的医疗保险参保人员，完成在参保地医保经办机构的登记备案及居住地指定的医保经办机构办理委托报销手续之后，如果在居住地医保定点医疗机构就医，产生的医疗费用可以至居住地指定的医保经办机构办理报销①。

2009年11月，为贯彻落实中共中央、国务院《关于深化医药卫生体制改革的意见》精神，推进长三角地区医疗保障制度全面协调可持续发展，上海市人力资源和社会保障局、江苏省人力资源和社会保障厅、浙江省人力资源和社会保障厅、安徽省人力资源和社会保障厅就长三角地区医疗保险经办管理服务签订《长三角地区医疗保险经办管理服务合作协议》②。根据协议精神，逐步建立实现长三角地区基本医疗保险定

---

① 上海与常州南通马鞍山三地签订异地就医报销协议［EB/OL］.（2009-06-30）［2022-07-18］.http://www.gov.cn/govweb/gzdt/2009-06/30/content_1353653.htm.

② 江苏省人力资源和社会保障厅上海市人力资源和社会保障局浙江省人力资源和社会保障厅安徽省人力资源和社会保障厅关于印发《长三角地区医疗保险经办管理服务合作协议》的通知［EB/OL］.（2010-03-01）［2022-07-18］.http://www.jiangsu.gov.cn/art/2010/3/1/art_46855_2681152.html.

点医疗机构的互认机制,逐步建立长三角地区异地就医经办服务协作机制,逐步建立基本医疗保险医疗费用代报销合作机制等。至此,长三角异地就医委托代理结算模式的实施范围更加广泛,流程也更加标准,能惠及更多有异地就医需求的群众。

根据《长三角地区医疗保险经办管理服务合作协议》的精神,委托代理结算的具体流程为:① 参保地经办机构负责为异地就医人员办理异地就医申请登记手续,确认异地就医人员在就医地的定点医疗服务机构,异地就医人员将相关信息提供给就医地定点医疗机构,就医地定点医疗机构应按当地医保管理有关规定为异地就医人员提供规范合理的医疗服务;② 就医地经办机构配合参保地经办机构对异地就医参保职工基本医疗保险医疗服务行为和费用进行监管和稽核;③ 就医地经办机构可将异地参保职工在本辖区内定点医疗机构就医行为和相关医疗保险服务行为纳入当地医疗保险协议管理之中。协议各方将辖区内经办机构对异地就医人员管理和服务情况纳入经办机构工作考核范围。基于合作协议,基本医疗保险医疗费用代报销合作机制也逐步建立:① 合作各方积极创造条件承担委托方的异地就医人员发生的医疗费用,按照双方约定的医疗费用报销规定,代为办理报销业务,确保参保职工就地就医、就地结算;② 参保地经办机构根据就医地经办机构提供的异地就医及费用报销信息,审核确认基本医疗保险基金支付额,定期与就医地经办机构结算医疗费用;③ 基本医疗保险医疗费用互为代报销的长三角地区,按双方约定的结算时间,及时定期结算费用[①]。

2010年3月,随着长三角一体化进程的加速推进,长三角城市群的辐射力和容量也在不断扩大。2010年3月26日,在浙江省嘉兴市举行

---

① 江苏省人力资源和社会保障厅上海市人力资源和社会保障局浙江省人力资源和社会保障厅安徽省人力资源和社会保障厅关于印发《长三角地区医疗保险经办管理服务合作协议》的通知[EB/OL].(2010-03-01)[2022-07-18].http://www.jiangsu.gov.cn/art/2010/3/1/art_46855_2681152.html.

的长三角城市经济协调会第十次市长联席会议上，合肥、盐城、马鞍山、金华、淮安、衢州等 6 个城市正式成为长三角城市经济协调会会员，协调会成员城市增至 22 个。会议期间，长三角 22 个成员城市相关领导在会上共同签署了《长江三角洲地区城市合作（嘉兴）协议》，审议通过了协调会 2010 年度城市合作专（课）题的提案，批准继续深化"长三角医保合作专题"等 3 个合作专题①。截至 2010 年 12 月，首批参与医疗保险合作专题的上海、南京、镇江、扬州、泰州、南通、常州、杭州、宁波、湖州、嘉兴、台州、苏州、无锡、绍兴、舟山等 16 个城市均已启动异地就医结算工作②，其他 6 个城市也开始进行相关的准备工作（见表 2-3）。

表 2-3　长三角 22 个城市医疗保险异地就医结算工作进展情况汇总表
（截至 2010 年 12 月）

城市	对应城市	结算模式	工作进展说明
上海	镇江、常州、南通、扬州、杭州、宁波、湖州、嘉兴	委托代理	—
南京	泰州、扬州、镇江、苏州、无锡	联网结算	与上海拟定异地就医工作协议，下一步确定联网方式；与杭州结算工作商定中
扬州	上海、南京	委托代理联网结算	—
镇江	上海、南京	委托代理联网结算	—
常州	上海	委托代理	—
南通	上海	委托代理	—
泰州	南京	联网结算	—
苏州	南京	联网结算	—
无锡	南京	联网结算	—

① 截至 2009 年末长三角 1.2 万人次办理异地就医结算［EB/OL］.（2010-03-26）［2022-07-18］.http://www.gov.cn/jrzg/2010-03/26/content_1565879.htm.
② 南京市人力资源和社会保障局.关于 2010 年度长三角地区医疗保险合作专题工作情况的汇报及 2011 年度工作计划［EB/OL］.（2011-01-01）［2022-07-18］.https://www.renrendoc.com/paper/189727527.html.

续　表

城市	对应城市	结算模式	工作进展说明
杭州	上海、宁波、湖州、台州、绍兴	委托代理 定点结算	与湖州多家医院实施定点结算
宁波	上海、杭州、台州、舟山	委托代理	—
湖州	上海	委托代理	—
嘉兴	上海	委托代理	—
台州	杭州、宁波	定点结算 委托代理	与杭州2家医院实施定点结算
绍兴	杭州	委托代理	—
舟山	宁波	委托代理	—
合肥	—	—	新入会城市,谋划基础工作
马鞍山	—	—	新入会城市,基础工作起点较高
盐城	—	—	新入会城市,基础工作起点较高
淮安	—	—	新入会城市,基础工作起点较高
衢州	—	—	新入会城市,谋划基础工作
金华	—	—	新入会城市,谋划基础工作

资料来源:南京市人力资源和社会保障局.关于2010年度长三角地区医疗保险合作专题工作情况的汇报及2011年度工作计划[EB/OL].(2011-01-01)[2022-07-18].https://www.renrendoc.com/paper/189727527.html.

从《关于2010年度长三角地区医疗保险合作专题工作情况的汇报及2011年度工作计划》可以发现,在此阶段已经有部分城市在委托代理结算模式的基础上开始探索异地就医互联网实时结算模式,异地就医互联网实时结算模式已初具雏形。不过,此时互联网实时结算模式依然为同省范围内异地就医实时结算模式,还未做到跨省异地就医互联网实时结算。

以无锡参保人到南京就医为例。无锡参保人先向当地医保经办机构提交异地就医申请,当地医保经办机构将该参保人的信息上传至省医保结算平台上,由南京医保经办机构接收。参保人再到南京医保经办机构申请办理当地医保卡,拿到南京医保卡后就可凭该卡在南京的医院就诊。就诊时,参保人只需支付其无锡医保政策待遇应当支付的个人部分,医保基金支付部分则由南京医保经办机构通过省医保结算平台和无锡医保经办机构另行结算。

(四) 委托代理结算模式的优势与不足

1. 委托代理结算模式的优势

在国家医保管理机构对医保异地就医管理尚未做出具体规定之前,跨省市的医保经办服务协作都是双方自愿的。协作动因一:双方在对方城市都有一定数量的异地安置人员互相代办,比如杭州与上海;协作动因二:城市间经济社会领域广泛合作衍生的需求,比如湖州、嘉兴、安吉单方面为上海代办。这种代理结算的模式由于只需合作的城市之间进行点对点的对接,实施起来相对更容易,因此江浙之间的多地进行了相关的尝试。这种结算方式免去了参保人员或病人家属在参保地和就医地间往返的麻烦,节约了参保人员及其家属的时间和经济成本,同时也避免了社会资源的浪费[①]。

2. 委托代理结算模式的不足

委托代理结算模式也存在一定的局限性:① 这种结算模式并不是医保的直接结算,而是相当于在参保人员和参保地医保经办机构之间单独添加了一个第三方,负责处理参保人员医保费用的结算,增加了医保费用经办的行政成本,对于医保经办机构而言,增加了自身的行政支出。② 这种经办模式需要代理窗口的工作人员熟练掌握代办地区的医保报销政策,碍于各医保统筹区的三大目录存在着较大差异,实际运作中容易出现政策掌握不熟悉导致参保人费用结算错误的情况,给委托代办点的工作人员造成较大的工作压力,窗口操作人员审核报销方面经常遇到困难。此外,就医地医保经办机构负责的财务人员每天需要进行支付汇总,将信息传真到参保地的医保经办机构,在这个过程中,账务处理方面经常会出现各种问题,比如由于参保人一卡通账户异常、

---

① 陈文婷,王艺.两种报销模式方便异地就医[N].常州日报,2009-08-01(1).

银行卡信息错误等,都会导致报销款无法及时汇入,这样无形中增加了工作量,经办机构必须及时联系参保人处理出错信息。因此医保经办机构的业务量直线上升,单位职工经常超负荷工作,无法承担更多的异地报销业务。③ 委托代理结算模式依然要求参保人员在发生医疗费用后先行垫付,参保人仍然有一定的支付压力,本质上并没有保证基本医疗保险参保人员应该享有的实时报销权利,在某种程度上并没有全部实现基本医疗保险制度的保障功能。

二、部分城市实现互联网实时结算阶段(2010—2016年)

为了解决委托代理结算模式中参保人自行垫付医保基金的压力问题以及降低实施该模式的行政成本、减轻窗口工作人员的工作量,从2010年开始,长三角部分城市开始探索异地就医互联网实时结算模式①。

(一)互联网实时结算模式的内涵

互联网实时结算模式是指参保人在异地就医的医疗费用可以基于互联网进行实时结算,不再需要先垫付再报销。随着社会经济的发展和国家对医保结算系统的逐步完善,2009年以来,全国各地特别是长三角等地的医保经办机构及定点医疗机构的医保相关数据交换系统逐渐成熟,不同区域的医保经办机构及定点医疗机构具备了通过交换系统完成参保人员异地就医费用直接结算的基础。在实际操作过程中,参保人根据参保地医保经办机构的要求办理相关的异地就医备案,选择某地或某地的定点医疗机构作为自己异地就诊目的地,由参保地的医保经办机构将参保人的相关信息上传至异地结算平台,当参保人至备案的异地定点医疗机构就医时,持本人的社会保障(医保)卡就可以直

---

① 经查阅官方文件并与医保部门业务经办人员确认,互联网实时结算模式、互联网直接结算模式与互联网即时结算模式均指直接用医保卡刷卡结算,它们之间并无本质区别。本书在这里采纳多数官方文件使用的"互联网实时结算模式"的用法。

接进行费用结算。

（二）长三角各城市推广互联网实时结算模式的进程

长三角多个城市对跨省异地就医互联网实时结算模式进行了探索，如表2-4所示。

表2-4　长三角跨省异地就医互联网实时结算模式进展时间表

时间	省　市	结算模式	官方文件	基　本　做　法
2009年7月	上海、南通	互联网实时结算	无	沪通医疗保险异地就医实时联网结算开通，方便了沪通异地就医参保人群
2010年3月	上海、浙江、江苏、安徽	委托代理结算；互联网实时结算	《长三角地区医疗保险经办管理服务合作协议》	在异地就医人员较为集中、医疗保险信息系统相对完善的统筹地区间探索异地就医医疗费用联网结算
2011年	上海、杭州	互联网实时结算	无	"医保互通"
2012年8月	上海、丹阳	互联网实时结算	无	丹阳市职工医保异地结算系统在上海开通。常住上海的丹阳参保人员可通过该系统直接结算，无须专程回丹阳或邮寄就医发票报销；转诊上海的参保患者只要支付少量自付部分费用便可就医，无须先行垫付大量现金
2013年7月	上海、海宁	跨省互联网实时结算	无	制订了海宁市民卡在上海长海医院使用的合作方案，开创了浙江跨省联网就医实时结算的"海宁模式"
2013年9月	上海、盐城	异地就医实时联网结算	《民生实事项目三年行动计划（2013—2015）》	实现全市医疗保险参保人员省内异地就医实时联网结算、上海部分三甲医院异地就医实时联网结算
2013年	安徽	互联网实时结算	《安徽省基本医疗保险异地就医结算管理暂行办法》	对于符合相关条件的基本医疗保险参保人员，向参保地经办机构提出申请，在得到批准后到指定的异地就医定点医疗机构就医，享受异地就医实时结算服务

时间	省　市	结算模式	官方文件	基　本　做　法
2015年2月	上海、南通	互联网实时结算	《沪通医保异地医疗费用直接打卡合作协议》	将委托报销现金模式改为银行卡发放模式。凡在对口城市办理了长期居住的沪通两地离退休参保职工，按照沪通两市的政策规定报销的医疗费用，直接打入参保人的上海银行卡或南通市社保卡中

1."沪通"率先开启跨省异地就医费用实时联网结算

2009年，南通市就率先探索医保融入长三角、接轨上海，与上海医保部门互设报销点，实现双向参保人员费用代为报销，并与上海市第一人民医院实现专线直联、异地就医直接刷卡结算。

2.《长三角地区医疗保险经办管理服务合作协议》出台

2010年3月，江苏省人力资源和社会保障厅、上海市人力资源和社会保障局、浙江省人力资源和社会保障厅、安徽省人力资源和社会保障厅共同印发《长三角地区医疗保险经办管理服务合作协议》。根据该协议要求，在有条件的地区探索试行异地就医医疗费用联网结算。① 根据长三角地区经济社会发展的现状和统筹地区医疗保险政策差异情况，协议各方应积极做好本辖区内医疗保险政策完善和经办机构管理基础统一的工作，为参保人员在异地定点医疗机构就医直接刷卡结算医疗费用创造条件。② 坚持整体规划、分步推进的原则，在异地就医人员较为集中、医疗保险信息系统相对完善的统筹地区间探索异地就医医疗费用联网结算①。

---

① 江苏省人力资源和社会保障厅上海市人力资源和社会保障局浙江省人力资源和社会保障厅安徽省人力资源和社会保障厅关于印发《长三角地区医疗保险经办管理服务合作协议》的通知［EB/OL］.（2010-03-01）［2022-07-18］.http://www.jiangsu.gov.cn/art/2010/3/1/art_46855_2681152.html.

3. 江苏省内城市职工医保异地结算系统在上海开通

1）丹阳市职工医保异地结算系统在上海开通

2012年8月，上海与丹阳实现了医保异地直接结算，丹阳市职工医保异地结算系统在上海开通。常住上海的丹阳参保人员可通过该系统直接结算；转诊上海的参保患者只要支付少量自付部分费用便可就医，无需先行垫付大量现金①。

2）盐城市与上海部分三甲医院实现了医保"一卡通"

2013年9月6日，盐城市人力资源和社会保障局印发了《民生实事项目三年行动计划（2013—2015）》，其中提到"提升信息化水平。全面推进社会保障卡发放工程，建成多领域广泛应用、制度健全、技术先进、监督有力的社会保障卡管理服务体系"；"推进异地就医联网实时结算，实现全市医疗保险参保人员省内异地就医实时联网结算、上海部分三甲医院异地就医实时联网结算"②。根据盐城市参保人员患疑难疾病需赴上海三甲医院就诊的实际需要，实现了大市区跨省联网结算，方便参保人员实时结报，减轻患者需要垫付医疗费用的负担，与上海瑞金医院、中山医院、长海医院实现了医保"一卡通"。大市区参保人员到这些定点医院可直接持医保卡就医、结算住院费用，出院报销的待遇均按照盐城市的政策执行。

4. 浙江跨省联网就医实时结算的"海宁模式"开始运行

2013年7月，浙江省海宁市在多次与上海长海医院对接的基础上，制订了海宁市民卡在上海长海医院使用的合作方案，开创了浙江跨省联网就医实时结算的"海宁模式"。海宁市发放市民卡约35万张，海宁市市民卡汇集医保、图书借阅、公共自行车租赁、个人参保登记等多项

---

① 江苏丹阳与上海实现医保异地直接结算［EB/OL］.（2012-08-13）［2022-07-18］.http://jingji.cntv.cn/20120813/106782.shtml.

② 关于印发民生实事项目三年行动计划的通知［EB/OL］.（2013-09-06）［2022-07-18］.http://jsychrss.yancheng.gov.cn/art/2015/5/6/art_22358_3090661.html.

服务功能,与省内外136家医院联网,海宁市市民在上海长海医院就医时可直接刷卡结算[①]。

5. 安徽省制定《安徽省基本医疗保险异地就医结算管理暂行办法》

2013年,安徽省为贯彻落实《中共中央国务院关于深化医药卫生体制改革的意见》(中发〔2009〕6号)[②]和《国务院关于印发医药卫生体制改革近期重点实施方案(2009—2011年)的通知》(国发〔2009〕12号)关于"建立异地就医结算机制"的精神,实现参保人员异地就医联网结算,规范医疗保险异地就医结算管理,提供便捷高效的异地就医服务[③],根据《关于基本医疗保险异地就医结算服务工作的意见》(人社部发〔2009〕190号)要求[④],制定《安徽省基本医疗保险异地就医结算管理暂行办法》,对于符合相关条件的基本医疗保险参保人员,向参保地经办机构提出申请并得到批准后到指定的异地就医定点医疗机构就医,享受异地就医即时结算服务[⑤]。

(三)长三角跨省异地就医互联网实时结算模式的优势与不足

1. 长三角跨省异地就医互联网实时结算模式的优势

异地就医互联网结算模式充分保障了参保人参加基本医疗保险应该享有的保障权利,结算费用的时候只需支付医疗费用中个人自负部

[①] 海宁市民卡能用到上海去了,在上海长海医院就医,可直接刷卡结算[EB/OL].(2013-08-21)[2022-07-18].http://hnrb.zjol.com.cn/hnrb/html/2013-08/21/content_238976.htm.

[②] 中共中央国务院关于深化医药卫生体制改革的意见(中发〔2009〕6号)[EB/OL].(2009-04-08)[2022-07-18].http://www.gov.cn/test/2009-04/08/content_1280069.htm.

[③] 国务院关于印发医药卫生体制改革近期重点实施方案(2009—2011年)的通知(国发〔2009〕12号)[EB/OL].(2009-04-07)[2022-07-18].http://www.gov.cn/zwgk/2009-04/07/content_1279256.htm.

[④] 关于基本医疗保险异地就医结算服务工作的意见(人社部发〔2009〕190号)[EB/OL].(2009-12-31)[2022-07-18].http://www.gov.cn/ztzl/ygzt/content_1661142.htm.

[⑤] 黄山市人力资源和社会保障局,黄山市财政局.转发关于印发安徽省基本医疗保险异地就医结算管理暂行办法的通知(皖人社秘〔2013〕175号)[EB/OL].(2013-08-12)[2022-07-18].http://www.hssey.com/index.php/index.php?r=article/Info/index&content_id=850.

分，无须垫付其他费用。同时，跨省异地就医互联网实时结算压缩了参保人异地就医后的报销流程，避免了此前就医后的报销烦、报销难问题。

2. 长三角跨省异地就医互联网实时结算模式的不足

长三角跨省异地就医互联网实时结算在推进过程中也存在着诸多障碍：① 异地就医结算平台数据量大，各地的网络信息建设水平不一致，部分地区的网络数据传输不稳定，导致患者在完成异地就医的备案后不能成功进行异地就医住院费用的实时结算，依然需要先行垫付费用或者定点医疗机构暂不进行费用结算，待数据网络恢复后再行结算。② 各参保地对参保人备案手续的要求不一致，部分地区需要参保人提供就医地的相关证明，部分地区对备案设置相应的期限，超过备案期限的参保人必须重新办理备案手续等。

三、长三角跨省异地就医住院费用直接结算阶段（2016—2018 年）

（一）优先推进长三角跨省异地就医住院费用直接结算的原因

2016 年 3 月，李克强总理在会见采访十二届全国人大四次会议的中外记者时提到：政府下决心要推进全国医保联网。要在今年基本解决省内就医异地直接结算的基础上，争取用两年时间，使老年人跨省异地住院费用能够直接结算，使合情合理的异地结算问题不再成为群众的痛点[①]。

在优先推行长三角跨省异地就医住院费用直接结算后，推行门诊费用直接结算，主要基于两点考虑：一是便于抓住重点。群众外出就医，经济压力主要集中在住院医疗费用。2015 年，全国职工和城镇居民异地就医费用达 1 277 亿元，其中住院医疗费用达到 1 181 亿元，占比为 92.5%。优先解决住院医疗费用直接结算，可缓解参保群众异地就医的

---

① 李克强：用两年解决老年人跨省异地住院费用直接结算［EB/OL］.（2016-03-16）［2022-07-18］.http://news.cctv.com/2016/03/16/ARTIyy8kI6kkfxaH62zX9vyG160316.shtml.

主要经济压力。二是减轻管理压力,便于工作起步。相对于住院医疗,门诊医疗具有频次高、单次金额小、管理难度大等特点,跨省异地就医又是一项全新的系统工程,点多、线长、面广。等条件成熟后再逐步将门诊费用纳入结算范围,有利于抓住群众利益关键点,适应医保系统建设与管理服务的现实能力[①]。

(二)长三角各城市推进异地就医住院直接结算的进程

长三角跨省异地就医住院费用直接结算自2016年国家总体布局开始,长三角各城市纷纷进入探索阶段(见表2-5)。

表2-5 长三角跨省异地就医住院费用直接结算模式进展时间轴

时间	区域	结算模式	官方文件/要求	基 本 做 法
2016年	国家整体布局	跨省异地就医直接结算	《中华人民共和国国民经济和社会发展第十三个五年规划纲要》	加快推进基本医保异地就医结算,实现跨省异地安置退休人员住院医疗费用直接结算
2016年12月	国家整体布局	跨省异地就医直接结算	《关于做好基本医疗跨省异地就医住院医疗费用直接结算工作的通知》	2016年底基本实现全国联网,启动跨省异地安置退休人员住院医疗费用直接结算工作。2017年开始逐步解决跨省异地安置退休人员住院医疗费用直接结算,年底扩大到符合转诊规定人员的异地就医住院医疗费用直接结算。同时,结合本地户籍和居住证制度改革,逐步将异地长期居住人员和常驻异地工作人员纳入异地就医住院费用直接结算的覆盖范围
2016年12月	国家整体布局	跨省异地就医直接结算	人社部与22个申请首批启动基本医疗保险全国联网和跨省异地就医直接结算的省份签订了工作责任书	实现通过国家异地就医结算平台的即时结算

[①] 黄华波.异地就医直接结算宜循序渐进[J].中国社会保障,2017(1):84.

续　表

时间	区域	结算模式	官方文件/要求	基 本 做 法
2017年8月	上海	跨省异地就医住院医疗费用直接结算	无	在经过信息系统改造后，全上海市具备住院资质的41家三级医院已全部接入新系统。此外，二级、一级医院也抓紧接入，在规定的任务节点内成熟一家、联网一家，满足外地参保人员多样化的就医需求
2017年12月	长三角区域	跨省异地就医住院医疗费用直接结算	无	长三角地区基本形成了区域内基本医疗保险跨省异地就医住院费用实时结算
2018年	国家布局	跨省异地就医住院医疗费用直接结算	无	随着国家医疗保障局的成立，国家异地就医平台移交国家医保局管理；截至2018年6月底，全国所有省（区、市）级平台、所有统筹地区均已实现与国家异地就医结算系统的对接

1. 人社部启动跨省异地安置退休人员住院医疗费用直接结算工作

2016年，国家"十三五"规划纲要明确提出加快推进基本医保异地就医结算，实现跨省异地安置退休人员住院医疗费用直接结算①。2016年12月8日，人社部、财政部联合印发了《关于做好基本医疗保险跨省异地就医住院医疗费用直接结算工作的通知》，提出"2016年底，基本实现全国联网，启动跨省异地安置退休人员住院医疗费用直接结算工作；2017年开始逐步解决跨省异地安置退休人员住院医疗费用直接结算，年底扩大到符合转诊规定人员的异地就医住院医疗费用直接结算。结合本地户籍和居住证制度改革，逐步将异地长期居住人员和常驻异地工作人员纳入异地就医住院费用直接结算覆盖范围"②。

① 中华人民共和国国民经济和社会发展第十三个五年规划纲要[EB/OL].（2016-03-17）[2022-07-18].http://www.gov.cn/xinwen/2016-03/17/content_5054992.htm.

② 人力资源社会保障部财政部关于做好基本医疗保险跨省异地就医住院医疗费用直接结算工作的通知（人社部发〔2016〕120号）[EB/OL].（2016-12-08）[2022-07-18].http://www.mohrss.gov.cn/wap/zc/zcwj/201612/t20161215_262040.html.

2. 国家异地就医结算系统正式上线运行

2016年12月，国家异地就医结算平台结算子系统进入试运行状态。人社部召开异地就医工作视频会，全面部署跨省异地就医住院费用直接结算工作，并与22个申请首批启动基本医疗保险全国联网和跨省异地就医直接结算的省份签订了工作责任书。首批启动基本医疗保险全国联网和跨省异地就医直接结算的省份名单包括：北京市、天津市、河北省、山西省、辽宁省、吉林省、黑龙江省、江苏省、浙江省、安徽省、山东省、河南省、湖北省、广东省、海南省、重庆市、四川省、云南省、陕西省、宁夏回族自治区、新疆维吾尔自治区、新疆生产建设兵团[①]。长三角区域的三省一市全部进入首批名单。

2017年1月，全国首单通过国家异地就医结算平台的实时结算成功完成。2017年3月，国家异地就医结算系统正式上线运行[②]。此次国家异地就医结算系统的上线，标志着跨省异地就医直接结算工作已由政策制定和系统开发阶段正式转入落实政策、系统的部省对接和经办试运行的新阶段。人社部将突出京津冀、上海、广州等就医集中的关键地区，突出人员备案、系统对接、预付金拨付、社保卡全国通用等关键任务，倒排时间，做好启动前的各项准备工作[③]。

3. 上海率先启动医保跨省异地就医住院费用直接结算

2017年，按照国家统一部署以及上海市政府提出的"更好地让上海的优质医疗服务资源服务长三角、服务长江流域、服务全国"指示精神，上海率先启动市级层面医保跨省异地就医住院医疗费用直接结算。

---

① 22省份签订基本医保全国联网和异地就医结算责任书[EB/OL].（2016-12-23）[2022-07-18].http://www.mzyfz.com/cms/zhengwugongkai/zhengwuxinxi/zhengwukuaixun/html/1103/2016-12-23/content-1241531.html.

② 赵斌,郭珉江.我国异地就医管理服务的发展沿革[J].中国人力资源社会保障,2019（1）:39-41.

③ 人社部:22省首批启动跨省异地就医直接结算[EB/OL].（2016-12-22）[2022-07-18].https://www.cn-healthcare.com/articlewm/20161222/content-1009407.html.

截至2017年8月,在信息系统改造后,全上海市具备住院资质的41家定点三级医院已全部接入新系统。此外,二级、一级医院也抓紧接入,在规定的任务节点内成熟一家、联网一家,满足外地参保人员多样化的就医需求。此外,按照"让信息多跑步,让群众少跑路"的原则,为方便本市参保人员在外就医,上海市加快备案工作进度、优化备案办法,备案工作坚持批量自动备案,减少参保人员往返折腾,并将继续完善跨省异地就医直接结算的相关系统开发,扩大跨省异地就医住院医疗费用直接结算的定点医院范围,同时加强医疗费用管理,配合参保地加强就医秩序管理,让上海的优质医疗服务资源进一步服务长三角、服务长江流域、服务全国①。

4. 长三角跨省异地就医住院费用直接结算基本实现

截至2017年,长三角地区基本形成了区域内基本医疗保险跨省异地就医住院费用直接结算。2018年,随着国家医疗保障局的成立,国家异地就医平台移交国家医保局管理。截至2018年6月底,全国所有省(区、市)级平台、所有统筹地区均已实现与国家异地就医结算系统的对接。

(三) 长三角跨省异地就医住院费用直接结算政策分析

长三角跨省异地就医住院费用直接结算系统的上线运行,有三个方面的积极意义。① 在制度层面,住院费用直接结算机制打破了统筹地区之间的孤立状态,医保基金开始跨区域流动,结算方式的改变将倒逼医保政策的逐步统一。② 在管理层面,异地就医直接结算信息平台的建成,也进一步倒逼医保信息化、标准化进程加速,进而促进政府公共服务的均等化②。③ 在群众需求方面,彻底打破了"参保地"与"就医

---

① 上海正式启动异地就医住院费用直接结算　目前共有449家医院开通功能[EB/OL].(2017-09-12)[2022-07-18].http://app.why.com.cn/epaper/webpc/qnb/html/2017-09/12/content_37453.html.

② 王琬.中国异地就医直接结算:政策价值、实践效果与优化路径[J].学术研究,2021(6):89-95.

地"的地域限制,让参保职工在享受"就医地"医疗服务的同时,能够方便快捷地实现"刷卡结算",通过跨省异地就医信息平台完成社保经办机构之间的数据传输和费用结算,从而有效解决了异地就医参保职工需要先垫付现金、后结算报销的烦恼,实现了"社保业务多走网路,参保职工群众少走马路"的服务模式。

但此阶段的异地就医直接结算仅局限于跨省异地就医的住院患者。与跨省异地就医住院费用直接结算相比,长三角跨省异地就医门急诊费用直接结算更为复杂,受益面也更广。此外,门诊作为患者就医的首道关口,就诊数量大,上海几乎所有的住院行为均需经过门诊,而急诊也属于患者特殊的现实需求。因此,长三角跨省异地就医门急诊费用直接结算问题也亟待解决[①]。

---

① 吕大伟,许宏,王伟俊,等.推动长三角地区跨省异地就医门急诊费用直接结算的实践[J].中国卫生资源,2021,24(1):48-51.

第三章

时代机遇

回溯我国医疗保障制度改革的发展之路，进入21世纪以后，尤其是2009年新医改以来，在"全民医保"以及"基本医疗保险制度整合"方面已取得了重大阶段性胜利。2017年，党的十九大作出"中国特色社会主义进入新时代"的重大政治判断，提出"以人民为中心"的发展理念。这既是对十一届三中全会确立的"以经济建设为中心"的历史继承，更是响应时代需求，应对社会主要矛盾变化的发展、超越和伟大创新。在这样的理念下，党的十九大报告再次强调实施健康中国战略。在此后的机构改革中，2018年国务院正式组建国家医疗保障局等机构，以便更好地保障健康中国战略的实施。凭借时代所赋予的大好机遇，"异地就医结算难"这一困扰群众多年的民生问题，逐步成为我国医保体系朝向"全国统一"方向改革的新靶点，成为我国医保体系改革向新时代迈进的新标志。

一、国家发展向"以人民为中心"转变

（一）"以人民为中心"成为新时代中国发展的核心思想

党的十九大是我国发展进程中具有划时代意义的一次重要会议，坚持"以人民为中心"是贯穿党的十九大的一条主线，它既是习近平新时代中国特色社会主义思想的灵魂，也是新时代主导国家发展的核心价值导向，并具体体现在坚持和发展中国特色社会主义的基本方略中。这一思想彰显了中国共产党最根本的政治立场——人民立场，坚持以人民为中心的发展就是坚持人民立场，就是中国共产党人在任何情况下都站在为了人民、依靠人民、人民利益高于一切的立场上看待问题、处理问题。

"以人民为中心"的发展思想的确立，意味着新时代的医保体系建设不再以服务经济增长为目标，而是以不断增进人民福祉、满足人民美

好生活需要为己任。就如习近平总书记在党的十九大报告中所言，"永远把人民对美好生活的向往作为奋斗目标"，"坚持在发展中保障和改善民生，增进民生福祉是发展的根本目的"。以人民为中心，就是要把民众最关切的事情排在优先级，就是要让民众能够公平享受社会发展的成果。而医疗保障是减轻人民就医负担、增进民生福祉、维护社会和谐稳定的重大制度安排。党中央、国务院高度重视人民健康，建立了覆盖全民的基本医疗保障制度。党的十八大以来，全民医疗保障制度改革持续推进，在破解看病难、看病贵问题上取得了突破性进展①。而继续推进异地就医直接结算工程，将结算范围从"住院"扩展至"门诊"则是破解"看病烦"的关键。

党的十九大报告做出了"我国社会主要矛盾已经转化为人民日益增长的美好生活需要和不平衡不充分的发展之间的矛盾"的重大政治判断。看病难、看病贵、看病烦问题，正是这一社会基本矛盾在人民健康领域的直接体现。社会主要矛盾是一个国家在一定历史时期或发展阶段的多种矛盾中起着支配性作用的矛盾，是影响和制约一定时期一个国家发展的决定性矛盾。社会主要矛盾是我们制定发展战略的基础，判定方针政策的依据，开展工作的指向灯。党的十九大关于社会基本矛盾的论断，使我国医保体系建设的发展方向更加明确②。如果说过去的医保改革着重解决的是从"无"到"有"的问题，那么党的十九大后新时代的医保改革则是要重点解决从"有"到"优"的问题。党的十九大报告中提出的"全面实施全民参保计划""建立完善统一的城乡居民基本医疗保险制度和大病保险制度""建立全国统一的社会保险公共服务平台"等要求，无不体现着新时代党和国家对医保制度从"有"到

---

① 中共中央国务院关于深化医疗保障制度改革的意见[EB/OL].（2020-03-05）[2022-07-18].http://www.gov.cn/zhengce/2020-03/05/content_5487407.htm.
② 洪功翔.深刻领会长三角一体化上升为国家战略的使命担当[N].安徽日报,2019-07-02（6）.

"优"发展的决心。通过推进各项医保制度改革,逐步降低医疗医药费用,促进医疗资源更合理地配置,并实现跨区域医保便利结算,让医保体系走向成熟的同时,解决看病难、看病贵、看病烦难题,满足人民群众对美好就医体验的向往,让人们有更可靠、更清晰的医保预期。

习近平总书记在2020年9月22日教育文化卫生体育领域专家代表座谈会上的讲话中强调"要把人民健康放在优先发展战略地位,努力全方位全周期保障人民健康,加快建立完善制度体系,保障公共卫生安全,加快形成有利于健康的生活方式、生产方式、经济社会发展模式和治理模式,实现健康和经济社会良性协调发展"[①]。而医保异地门诊结算,正是对习近平总书记这一要求的最好回应。长三角医保异地门诊结算,一方面保障了每个公民公平地享受基础医疗服务,为全方位全周期保障人民健康提供了制度规范;另一方面在长三角率先开展医保异地门诊结算,让该区域民众在符合条件的情况下享受更优质的医疗资源,有效破解看病难、看病贵、看病烦问题。如安徽的民众可以跨区域去上海的三甲医院就医,且不用担心医保结算难题。因为民众在异地发生医疗行为后,不用来回疲于收集相关证明材料和垫付资金,有效地保障了人民群众的医疗保险权益,从而增强了民众的获得感和幸福感。

(二) 党和国家高度重视保障人民的健康福祉

2016年8月,习近平总书记在全国卫生与健康大会上发表重要讲话指出:"人们常把健康比作1,事业、家庭、名誉、财富等就是1后面的0,人生圆满全系于1的稳固。"会上习近平总书记还提出"要把人民健康放在优先发展的战略地位",顺应民众关切,对"健康中国"建设作出全面部署。2017年10月18日,习近平总书记在党的十九大报告中指出,实施健康中国战略,深化医药卫生体制改革,全面建立中国特色基

---

① 习近平.习近平在教育文化卫生体育领域专家代表座谈会上的讲话[N].人民日报,2020-09-23(2).

本医疗卫生制度、医疗保障制度和优质高效的医疗卫生服务体系，健全现代医院管理制度。其中，医疗保障制度是重要的一环，健康中国战略的全面实施为我国医疗保障体系改革起到提纲挈领的作用。

2019年12月28日，第十三届全国人民代表大会常务委员会第十五次会议通过了《中华人民共和国基本医疗卫生与健康促进法》，并于2020年6月1日起施行。这是我国卫生与健康领域第一部基础性、综合性的法律，在保障人民健康福祉的同时，也为医疗保障体系改革的进一步推进提供了有效的法律支撑。

2019年底，新冠疫情突如其来，给全国人民的生命健康安全造成了极大的影响。"人民至上、生命至上"，疫情发生以来，习近平总书记在多次讲话中一直强调，要把人民群众的生命安全和身体健康放在第一位，坚决遏制疫情蔓延势头。在此决心下，新冠疫情在我国得到了有效控制，人民的生命健康安全得到有效保障。

以上从健康中国战略的全面实施，到健康促进法的颁布，再到新冠疫情中"生命至上"口号的提出，无不是党和国家对人民健康福祉高度重视的有力体现。国家对人民健康的重视，为我国医疗保障体系的发展壮大提供了基础。

（三）组建国家医疗保障局，政府医保职能得到切实加强

十三届全国人大一次会议通过了《国务院机构改革方案》，决定组建国家医疗保障局，整合此前分散在人社、民政、卫计委、发展改革委等多个部门的相关职能，包括医保政策制定、医保筹资、价格制定、医保经办（主要是医保支付业务）、医疗费用与质量管控、医疗救助、医疗服务投入品（主要是药品）的集中招标采购等。医保局的主要工作是推动这些领域中的体制改革。这有利于统筹推进医疗、医保、医药"三医联动"改革以及整合医保管理体制，减少多头管理，提高医保管理的效率①。

---

① 朱俊生.国家医疗保障局的新使命[J].中国医疗保险,2018(4):10.

国家医保局在中央一级的组织建设工作完成之后，各地的医保局也将逐步建立起来。

组建国家医疗保障局，是切实加强政府医疗保障职能的重大举措，是更好保障人民健康福祉的时代变革。组建国家医疗保障局，是新时代赋予医疗保障新的内涵、新的使命的客观需要，是巩固我国医保改革成果，进一步理顺、整合、优化、提升医疗保障管理体制，使职责与职能更加匹配，借以做大做强医疗保障事业，全面建成中国特色医疗保障体系的必然要求和智慧抉择①。

医保局的建立不仅意味着政府职能的调整和转型，而且标志着国家治理体系现代化在医疗领域中的实践迈出新的步伐，具有重要的战略意义。就需求侧改革而言，正如中国社会保障学会会长郑功成所说，医保局的建立意味着"我国医疗保障改革与制度建设将自此由部门分割、政策分割、经办分割、资源分割、信息分割的旧格局，进入统筹规划、集权管理、资源整合、信息一体、统一实施的新阶段"②；就供给侧结构性改革而言，北京大学医学部主任助理吴明表示，医保局的设立有利于"三医联动"，推动公立医院转变运行机制，从而更有效地实现医改目标，让老百姓从中受益。

以省（区、市）为单位组建医保局，大力推动医保的省（区、市）级统筹，有望破解既有医疗保障体系碎片化带来的种种问题，跨省（区、市）就医报销难就是其中之一。同时，医保覆盖目录（尤其是药品目录）更新的常态化和制度化、门诊统筹纳入基本医疗保障、医保经办机构的整合等微观改革，对于跨省就医费用结算的顺利实施具有广泛和深远的宏观意义。党和国家领导对人民健康福祉的重视，对医疗保障

---

① 王东进. 切实加强政府医保职能的重大举措　更好保障人民健康福祉的时代变革：对组建国家医疗保障局的认知所及［J］. 中国医疗保险，2018（4）：1-4.

② 国家医疗保障局正式挂牌，专家解读：三种医保统一管，会带来啥改变［EB/OL］.（2018-06-01）［2022-07-15］. http://www.gov.cn/zhengce/2018-06-01/content_5295242.htm.

重要作用的重视，在组织改革中进一步体现。医保局的建立为跨省就医费用直接结算的实现，奠定了坚实的组织基础。

二、国家医保体系改革进入新阶段

（一）全民覆盖，我国全民医保改革已取得巨大成就

自1998年城镇职工基本医疗保险制度建立以来，经过20余年的改革与发展，我国医保体系建设已取得了巨大成就，我国逐步建立和健全包括基本医疗保险、补充保险、社会救助以及其他保障制度在内的多层次社会保障制度体系。针对不同人群，我国先后建立了3个基本医疗保险制度，分别是城镇职工基本医疗保险制度、新型农村合作医疗制度和城镇居民基本医疗保险制度。

1998年12月，国务院发布《关于建立城镇职工基本医疗保险制度的决定》（国发〔1998〕44号），要求在全国范围内建立以城镇职工基本医疗保险制度为核心的多层次的医疗保障体系。基本医疗保险覆盖人群涵盖了城镇所有用人单位，包括企业（国有企业、集体企业、外商投资企业、私营企业等）、机关、事业单位、社会团体、民办非企业单位等。这是我国社会保险制度中覆盖范围最广的险种之一。建立城镇职工基本医疗保险制度的原则是：基本医疗保险的水平要与社会主义初级阶段的生产力发展水平相适应；城镇所有用人单位及其职工都要参加基本医疗保险，实行属地管理；基本医疗保险费用由用人单位和职工双方共同负担；基本医疗保险基金实行社会统筹和个人账户相结合。

2002年10月，国家明确提出各级政府要积极引导农民建立以大病统筹为主的新型农村合作医疗制度。2009年，国家做出深化医药卫生体制改革的重要战略部署，确立新农合作为农村基本医疗保障制度的地位。新型农村合作医疗是指由政府组织、引导、支持，农民自愿参加，个人、集体和政府多方筹资，以大病统筹为主的农民医疗互助共济制度。它采取个人缴费、集体扶持和政府资助的方式筹集资金，在保障农

民获得基本卫生服务、缓解农民因病致贫和因病返贫方面发挥了重要的作用。

2007年,为实现基本建立覆盖城乡全体居民的医疗保障体系的目标,国务院决定开展城镇居民基本医疗保险试点。城镇居民基本医疗保险制度是面向不属于城镇职工基本医疗保险制度覆盖范围的中小学阶段的学生(包括职业高中、中专、技校学生)、少年儿童和其他非从业城镇居民的一项保险制度。它坚持低水平起步,重点保障城镇非从业居民的大病医疗需求,其基金筹集是以家庭缴费为主,政府给予适当补助。参保居民按规定缴纳基本医疗保险费,享受相应的医疗保险待遇。它是继城镇职工基本医疗保险制度和新型农村合作医疗制度推行后,党中央、国务院进一步解决广大人民群众医疗保障问题,不断完善医疗保障制度的重大举措。它主要是对城镇非从业居民医疗保险做了制度安排。这一制度的出现,在中国社会保险制度改革的历程中具有重大意义,指明了中国社会保险制度改革的方向。

截至2016年,社会医保制度已覆盖了全国13亿多人口,参保率稳定在95%以上,"全民医保"的目标基本实现。可以说,随着全民医疗保障制度改革持续推进,我国已在破解"看病难、看病贵"问题上取得了突破性进展。我国在社会保障体系建设方面取得的重要成就得到国际社会的高度评价。2016年11月,国际社会保障协会第32届全球大会授予中国政府"社会保障杰出成就奖",以表彰中国政府凭借强有力的政治承诺和诸多重大的管理创新,在社会保障领域特别是在扩大社会保障覆盖面、社会保障水平显著提升以及社会保障可持续发展等方面取得的卓越成就[1]。

(二)制度整合,全国医疗保障公平性获得大幅提升

城镇居民基本医疗保险制度的建立,标志着我国在制度层面上实

---

[1] 金维刚.社会保险从广覆盖向全覆盖转变[N].经济日报,2021-06-30(14).

现了全民医保覆盖，这无疑是一项伟大的社会政策成就①。但城镇职工医保、城镇居民医保以及新农合三大社会医疗保险制度分割运行，在覆盖范围、参保原则、保险性质、筹资方式、缴费水平、待遇水平、基金管理方式、管理体系和运行机制等方面都存在较大的差异。这样"三足鼎立"的局面所带来的制度碎片化、分割化问题，导致了严重的制度失调和运转不良，无论是从公平还是从效率的角度来衡量，都给中国社会保障事业的发展带来深远的负面影响②③。

为解决医保制度分割的问题，三大制度的融合是一条必由之路。从目标人群、筹资来源、筹资水平、保障水平等方面看，城镇居民医保制度与新农合制度的相似度较高。因此，在基本医疗保险制度"三元合一"难度较大的情况下，首先实现城镇居民医保与新农合的"二元合一"，成为中国基本医疗保险制度融合的开端。2013年，国务院机构改革和职能转变方案中提出整合包括2项居民医保在内的各项医保制度，各地开始了整合试点。这一阶段，国家层面主要围绕管理体制归属问题展开讨论和角逐，部分地方政府开展了整合试点，并出现了"一制一档""一制两档""一制三档"等多种整合模式。

经过10多年的探索，2016年我国终于迎来了制度整合的突破性进展。2016年1月，国务院印发《关于整合城乡居民基本医疗保险制度的意见》，明确提出将城镇居民医保和新农合制度进行整合，进而逐步在全国范围内建立起统一的城乡居民医保制度，以实现城乡居民公平享有基本医保权益。国家层面正式出台整合2项居民医保制度的文件，要求各地建立统一的城乡居民医保制度，以实现城乡居民公平享有基本医保权益。随后，各省份以及绝大部分地级市相继印发制度整合文件

---

① YIP W C, HSIAO W C, CHEN W, et al. Early appraisal of China's huge and complex health-care reforms[J]. Lancet London, 2012, 379(9818): 833-842.
② 顾昕. 中国医疗保障体系的碎片化及其治理之道[J]. 学海, 2017(1): 126-133.
③ 申曙光, 侯小娟. 我国社会医疗保险制度的"碎片化"与制度整合目标[J]. 广东社会科学, 2012(3): 19-25.

并启动试点工作。截至2018年底,全国除个别省份部分统筹地区外,大部分省份均完成了城乡居民医保管理体制的整合。2018年,国家医疗保障局的组建,使城乡居民医保管理体制之争画上了句号,但制度层面的融合依然任重而道远。

党的十九届四中全会则再次强调:健全统筹城乡、可持续的基本医疗保险制度,稳步提高保障水平。城乡医保政策的整合,打破了城乡体制机制障碍,管理效率更高,进一步增强了基金共济能力,医疗保障的公平性也获得了大幅提升。

（三）走向统一,门诊跨省结算成为医保改革新靶点

从我国社会医疗保险制度改革的进程可以看出,其总体推进路径是由城市到农村、由从业人员到非从业人员;同时,各项制度规定了较低的统筹层次,并赋予了统筹地区较大的自主权,由此形成了社会医疗保险制度的"碎片化"现象。这种"碎片化"现象不仅仅体现在三大社会医疗保险制度分割运行,同时还体现在:同一制度在不同统筹地区的筹资方式、缴费水平和待遇水平等存在差异;同一省份存在多种形式的社会医疗保险制度体系。而将这些"碎片化"现象归结起来,可以具体表述为社会医疗保险制度的城乡分割、地区分割、人群分割和管理分割。

医保体系本身存在的诸多老大难问题,例如城乡一体化、统筹层次提高、个人账户的使用及其存废、医保基金累计结余的最优规模及其使用、退休者免缴费规则、医保关系跨地区转移接续(即可携带性)、参保者异地就医等,均为医保碎片化所累而迟迟难以解决。除此之外,既有文献很少注意的是,医保碎片化也是医保支付制度改革的重要障碍之一。通过医保支付制度改革重建医疗机构的激励机制,即形成公共契约模式,是医疗供给侧结构性改革的最重要制度性前提之一,实为中国新医改的重中之重[1]。但在现实中,医保碎片化一方面必然造成新医保支

---

[1] 顾昕.走向公共契约模式:中国新医改中的医保付费改革[J].经济社会体制比较,2012（4）: 21-31.

付手段的探索呈现明显的地方差异，从而无法对医疗服务提供者的行为形成清晰的新激励机制；另一方面过于分散化的医保机构也无法形成强大的购买合力，对某些具有区域强势（甚至垄断）地位的医院（尤其是大型公立医院）难以形成有效的控费制约机制，从而间接导致公立医院的法人化改革缺乏推动力。

"保基本"是医疗保险事业可持续发展的必然要求，是保障基本医保制度公平性的重要基础。但是随着生活水平的提高，新时代人民群众对健康的需要、对医保的期待已经从过去的"有没有"，升级为"好不好""优不优"，"保基本"与更高端、更充分的矛盾凸显出来[①]。习近平总书记强调，要促进基本公共服务便利共享，补齐民生短板。当前，医保政策碎片化、管理分割化影响了群众享受医保待遇的体验，必须通过公平、合理的制度设计，便捷高效的经办服务，让群众有更多幸福感。

城乡一体化问题已得到初步解决，而如何提高统筹层次，让医保待遇更公平，则是政府及医保部门需要着力解决的新难题。为此，2016年，在新世纪第一次全国卫生与健康大会上，习近平总书记提出要推进基本医疗的全国联网和异地就医结算，促进地区间的制度衔接，满足群众的合理需求。同年，李克强总理也在两会期间庄严承诺，要用两年时间建立全国的医保结算体系，实现异地就医的直接结算；2018年则要求将异地就医直接结算的医院的范围扩大到基层医院，把保障的人群扩大到外部农民工和外来就业的创业者层面。

数据显示，截至2017年，全国31个省级行政区（不含港、澳、台地区）均已接入国家异地就医结算系统，98%以上的地市接入国家平台，基本实现了全国范围内跨省异地就医住院费用的直接结算。在此基础上，如何进一步将"住院"扩展到"门诊"，彻底解决"异地就医结算

---

① 金维加.深化医保制度改革　增强人民群众获得感幸福感安全感［J］.中国医疗保险，2021（7）：8-9，12.

不便"这一矛盾,已成为我国医保制度从"好"到"优"发展的关键点之一。

三、长三角一体化进程加速促进跨省合作

(一) 长三角区域一体化发展由来已久

长江三角洲地区是我国经济最具活力、开放程度最高、创新能力最强的区域之一,是"一带一路"和长江经济带的重要交汇点。沪苏浙皖一市三省的地域面积达35.9万平方公里,常住人口达2.2亿,分别占全国的1/26和1/6,经济总量达19.5万亿元,占到全国的近1/4①。

长三角区域一体化发展由来已久。早在1982年,国务院就决定建立上海经济区,包括当时的苏锡常和杭嘉湖等地。1997年,长江三角洲城市经济协调会正式成立,首批成员包括长三角的15个城市。2005年,首次长三角两省一市主要领导座谈会在浙江杭州召开。2008年,《国务院关于进一步推进长江三角洲地区改革开放和经济社会发展的指导意见》颁布。同年,长三角地区主要领导座谈会"扩容",安徽省领导应邀出席会议。2010年,国家发展改革委印发《长江三角洲地区区域规划》。2016年,国务院常务会议通过《长江三角洲城市群发展规划》,安徽的合肥、芜湖等8个城市正式被纳入。2018年初,由三省一市联合组建的长三角区域合作办公室在上海挂牌成立,《长三角地区一体化发展三年行动计划(2018—2020年)》随之发布。

(二) 长三角一体化上升成为国家战略

长三角区域一体化发展一直受到国家的高度重视,逐步上升成为国家战略。2018年11月,习近平总书记在首届中国国际进口博览会上宣布,支持长江三角洲区域一体化发展并上升为国家战略,着力落实新

---

① 上海,要在服务长三角上有新作为[EB/OL].(2018-03-15)[2022-07-15].http://dzb.whb.cn/html/2018-03/15/content_642536.html.

发展理念，构建现代化经济体系。2019年5月13日，中共中央政治局召开会议审议了《长江三角洲区域一体化发展规划纲要》，明确提出，长三角地区要通过更高质量区域一体化发展，努力提升配置全球资源能力和增强创新策源能力，建成全国发展强劲活跃增长极、全国高质量发展样板区、率先基本实现现代化引领区、区域一体化发展示范区、新时代改革开放新高地①。2019年11月，《长三角生态绿色一体化发展示范区总体方案》公布。该方案指出，建设长三角生态绿色一体化发展示范区是实施长三角一体化发展战略的先手棋和突破口，示范区范围包括上海市青浦区、江苏省苏州市吴江区、浙江省嘉兴市嘉善县，面积约2 300平方公里，其战略定位是生态优势转化新标杆、绿色创新发展新高地、一体化制度创新试验田、人与自然和谐宜居新典范。

长三角更高质量一体化发展上升成为国家战略并不是偶然的，而是有特定的时代背景：国际背景是世界出现百年未有之大变局，新一轮技术革命和产业变革正在蓬勃发展；国内背景是我国确立了中华民族伟大复兴第二个"一百年"的战略目标，在21世纪中叶建成富强民主文明和谐美丽的社会主义现代化强国。在这样的时代背景下，长三角地区须肩负起时代担当，推进一体化更高质量的发展。

长三角一体化上升为国家战略后，长三角三省一市已经开始有了"一盘棋"的思想，在很多方面一体化进程明显加快，效果也逐渐显现。根据《长三角地区一体化发展三年行动计划（2018—2020年）》给出的任务书、时间表，长三角三省一市目前已在交通能源、科创等12个领域展开合作，并聚焦交通互联互通、环境整治等7个重点领域，形成了一批项目化、可实施的制度政策，为建立规则统一的制度体系打下了基础。如一体化示范区建设，2年来已取得了制度创新与项目建设的双丰收。

----

① 中共中央政治局召开会议研究部署在全党开展"不忘初心、牢记使命"主题教育工作　中共中央总书记习近平主持会议［EB/OL］.（2019-05-13）［2022-07-15］.https://www.ccdi.gov.cn/special/bwcxljsm/topnews_bwcx/201906/t20190620_195859.html.

有报道显示,截至2021年8月,已确定的示范区全年71项重点工作推进有序、有力,其中37项基本完成,并形成20项新的制度创新成果,65个重点项目建设进展顺利。又如长三角G60科创走廊建设,目前正在逐步形成产融结合的新高地,2019年,长三角三省一市技术市场相互间合同输出共计14 128项,合同金额合计约431.93亿元。

(三) 为异地门诊结算按下"快进键"

1. 强调公共服务便利共享,为异地门诊结算提供政策保障

长三角一体化上升到国家战略高度,无疑是给长三角异地门诊费用直接结算试点工作又加了一道政策保障,为其顺利实施按下了"快进键"。《长江三角洲区域一体化发展规划纲要》明确提出"公共服务便利共享水平明显提高。基本公共服务标准体系基本建立,率先实现基本公共服务均等化。全面提升非基本公共服务供给能力和供给质量,人民群众美好生活需要基本满足。到2025年,人均公共财政支出达到2.1万元,劳动年龄人口平均受教育年限达到11.5年,人均期望寿命达到79岁"。公共服务均等化、同质化是公共服务便利共享的前提。提升公共服务的供给能力和供给质量,则需要高水平公共服务体系作为保障,医疗服务体系作为公共服务体系的重要组成部分,其均等化高水平发展是长三角区域内公共服务便利共享的重要方面。2020年8月,习近平总书记在合肥主持召开扎实推进长三角一体化发展座谈会并发表重要讲话,再次强调要进一步促进基本公共服务的便利共享,尤其要多谋民生之利、多解民生之忧,在一体化发展中补齐民生短板。要推进实施统一的基本医疗保险政策,有计划地逐步实现药品目录、诊疗项目、医疗服务设施三大医保目录的统 。

2. 三省一市加强合作,为异地门诊结算政策提供协同基础

长三角异地门诊费用直接结算试点工作的实施过程,即可看作是一个多元主体协同治理的过程。这里的多元协同是多维度的,在地域维度上是三省一市共计41个市的协同,在组织维度上是多政府、多部

门的协同，在机构维度上是医疗机构、医保机构以及基层服务机构的协同，同时行业协会、企业、研究机构乃至人民群众也都作为多元治理主体中的"一元"参与其中。从体系的内外环境的视角进一步分析，医保异地门诊结算体系的协同环境可分为外部协同环境和内部协同环境。外部环境影响内部环境，并共同对体系的结果产生影响。这里外部环境包括国家卫生战略、政策、医疗卫生市场等相关因素。而政府的政策可最直观地反映出外部协同环境的作用结果，因此政府为外部协同环境的重要主体。内部协同环境主要是指异地参保者、医疗机构、医保机构三个医疗异地即时结算的利益相关者的行为、利益冲突和关系[①]。医保异地门诊结算的内外部协调效果在很大程度上取决于医保异地门诊结算体系对整个医疗内外部环境的适应性。

长三角一体化高质量发展上升成为国家战略，推动三省一市进一步打破地区藩篱、有效合作，不断改善一般性外部环境和内部协同环境，为长三角门诊费用跨省直接结算试点的顺利实施提供了强有力的协同基础。围绕异地门诊结算这一共同目标，长三角三省一市不同治理主体在探索磨合中逐步达到统一，使原本较为混乱无序的异地门诊结算在长三角变得更加有序。

四、信息技术发展打破跨省直结技术壁垒

信息技术是当今世界创新速度最快、通用性最广、渗透性最强的高技术之一。信息技术水平和信息化能力是国家创新能力的突出体现。信息技术是一种典型的通用目的技术。与专门技术相比，信息技术与传统技术相结合，在国民经济各个领域都能够产生更强的关联和带动效应，使得传统工业、农业和服务业的生产方式与组织形态发生变革。信息技术的发明创造和广泛应用，有效地促进了硬件制造与软件开发

---

① 代宝珍，刘欢.协同理论视角下江苏省医疗费用异地即时结算研究[J].中国卫生经济，2019,38（4）：20-22.

相结合,物质生产与服务管理相结合,实体经济与虚拟经济相结合,形成了经济社会发展的强大驱动力。信息技术已成为当下经济增长的重要引擎,有力地促进了经济社会发展,深刻地改变着我国人民的生产生活方式。

进入21世纪,信息技术日新月异,其普及应用对经济、政治、社会、文化、军事发展均产生了深刻影响。信息技术的应用,使人类的活动突破了对传统交通、通信手段的依赖,拓展了发展空间和交往空间。信息技术的发展促进了劳动者与劳动工具、劳动对象在空间上的灵活安排及有机结合,优化了人类的生产方式并大大提高了人们的生活质量,网上购物、远程医疗、视频点播、可视电话、电子邮件等丰富和方便了人们的生活,扩大了社会交往和信息交流的空间,增加了可自由支配的时间。尤为重要的是,超大容量存储、信息搜索等技术获得突破性进展,使人们获取、传输和利用信息的能力空前提高,也为医保的跨省直接结算奠定了基础。

(一) 计算机性能不断提高,为医保跨省直结提供硬件基础

提升医保统筹层次是实现医保跨省结算的最优路径,这意味着原本分散在各地的医保数据会逐级向上汇集,这就对信息存储和处理能力提出了更高的要求。随着高性能计算向计算密集和数据密集方向发展,驱动着能力计算和容量计算同步提升。高性能计算机和服务器沿着多核和多级并行结构,向万万亿次甚至更高水平迈进,并从单纯追求峰值计算速度向追求综合信息处理效能转变。目前,正在兴起的云计算,可以把网络中的各种资源虚拟成一台计算机向用户提供所需的计算资源。计算技术和计算机体系结构的不断发展,使得软件系统向网络化、智能化和高可信的阶段不断迈进,同时也使得医保跨省直接结算成为可能。

(二) 网络技术的不断发展,促进医保跨省互联与实时结算

网络是迈向信息社会的关键基础设施。先进的网络产业,对于增强自主创新能力、保障国家信息安全、带动信息技术产业转型意义重大。在"三网"(电信网、计算机网、广电网)融合的大趋势下,泛在网的研究和部署,构建国家综合网络基础设施,大大推进了经济社会信息化进程。稳定且快速的网络传输,为实现医保跨省互联与实时结算提供了有力保障。

(三) 数据处理能力不断升级,大数据助力医保现代化治理

随着信息技术的不断发展,数据作为信息载体呈几何级数倍增,我们不可避免地进入了一个新的大数据时代。大数据时代的到来,电子计算机技术正迎来更新换代的良好时机,计算机处理信息的功能变得更为强大,处理信息的速度变得更快。大数据技术是新一代电子计算机技术的代表,代表了社会对于电子计算机技术的最新利用水平。大数据的基本含义就是相关人员利用数据搜集技术将人们在工作与生活中产生的各种数据集中起来,然后利用数据处理技术将搜集到的数据进行数字化分析,并且将分析后的数据存储起来,保证数据在较长时间内的可使用性[①]。大数据有多么重要?习近平总书记为我们做出了精辟的阐释。2017年12月9日,中共中央政治局就实施国家大数据战略进行第二次集体学习,习近平总书记在主持学习时指出,要审时度势,精心谋划,超前布局,力争主动实施国家大数据战略,加快建设数字中国。其中,习近平总书记强调,要运用大数据提升国家治理现代化水平,要以推行电子政务、建设智慧城市等为抓手,以数据集中和共享为途径,推动技术融合、业务融合、数据融合,打通信息壁垒,形成覆盖全国、统筹利用、统一接入的数据共享大平台,构建全国信息资源共享体系,实现跨层级、跨地域、跨系统、跨部门、跨业务的协同管理和服务[②]。"让数据多跑路,让百姓少跑腿",是我国医保经办数字化转型的主要目标。

---

① 张继波.大数据与计算机信息处理技术的应用[J].电子技术,2021,50(8):246-247.
② 新华社.习近平:实施国家大数据战略加快建设数字中国[J].中国卫生信息管理杂志,
2018,15(1):5-6.

运用大数据促进保障和改善医疗保障民生事业,可以不断提升医保公共服务均等化、普惠化、便捷化水平,不断增强人民群众医疗保障获得感、幸福感、安全感[①]。可以说数据处理能力的不断升级,已成为我国医疗保障事业实现现代化治理的关键助力,是我国实现跨省异地就医直接结算的重要保障。

① 苗前.大数据:新一代信息技术[J].中国医疗保险,2021(8):25.

第四章

攻坚克难

为了积极应对人民群众日益增长的异地就医需求,增强居民跨省异地就医服务的可及性,2018年,在住院费用直接结算快速推进的基础上,长三角地区三省一市开始了跨省异地就医门诊费用直接结算工作的试点,标志着跨省异地就医直接结算工作开始从住院扩展到门诊。长三角跨省异地就医门诊费用直接结算工作,推动了长三角地区人民群众共享优质医疗资源,进一步增强了人民群众的获得感和异地工作人士的公平感。

长三角跨省异地就医门诊费用直接结算试点的推进过程中涉及多方利益主体,主要包括各级医保管理部门、各级医保经办机构(包括参保地经办机构和就医地经办机构)、医疗机构(包括参保地医疗机构和就医地医疗机构)、参保人、相关企业(如信息技术公司),各政策主体的利益诉求不同,如何平衡各方利益主体共同合作推进政策施行是一大难点,加之三省一市信息化建设不均衡、互联网技术基础不牢等问题,总的来说,存在协同困境与联网结算的技术困境。

在国家医疗保障局的指导下,长三角三省一市医保部门按照"坚持分级诊疗、立足现有基础、分步有序推进"的总体原则,分三个阶段稳步推进长三角跨省异地就医门诊费用直接结算试点工作,同步协调推进结算其他相关工作。

长三角三省一市在推进跨省异地就医门诊费用直接结算工作中有许多亮点,如创新工作机制,构建跨部门、跨区域协同平台;信息互联互通,打造医保异地门诊结算系统;先试点、后推广,逐步推动跨省异地就医门诊费用直接结算政策落地;基于制度规范,持续优化门诊结算方案等,解决了跨省异地就医门诊费用直接结算政策实行过程中遇到的一些问题,实现了长三角门诊费用跨省直接结算工作的落地及优化,并为其他省市推进跨省异地就医门诊费用直接结算政策提供了借鉴。

一、长三角开展跨省异地就医门诊费用直接结算试点及扩围过程

总的来说，长三角地区开展跨省异地就医门诊费用直接结算试点大致可分为以下三个阶段：试点探索阶段（2018年9月28日—2019年4月18日）、试点扩围阶段（2019年4月18日—2019年9月25日）、全覆盖提质增效阶段（2019年9月25日至今）。

（一）试点探索阶段

1. 首批试点统筹区

2018年9月28日，为推进长三角地区三省一市参保人员跨省异地就医门诊费用联网结算，加强异地就医管理，提高服务水平，长三角地区跨省异地就医门诊费用直接结算试点启动仪式在上海举行，沪、苏、浙、皖人力资源和社会保障厅（局）负责人签订了《长三角地区跨省异地就医门诊费用直接结算合作协议》。首批试点共包括"1+8"个城市统筹区，分别为：上海市、浙江省本级、宁波市、嘉兴市、南通市、盐城市、徐州市、滁州市和马鞍山市[①]。

2. 工作原则

长三角地区跨省异地就医门诊费用直接结算工作实行协商一致、统一管理、分级负责的原则。各省级经办机构定期召开长三角地区跨省异地就医门诊费用直接结算经办工作会议，商讨省际异地就医门诊费用直接结算经办中的主要工作内容、实施原则等，并确定日常经办的牵头省份。牵头省市的省级经办机构负责统一组织、协调日常省际异地就医管理服务工作，召集省际异地就医具体业务会议；依托国家异地就医结算系统，适时建立长三角地区跨省异地就医门诊费用直接结算

[①] 长三角地区跨省异地就医门诊费用直接结算合作协议（沪人社医〔2018〕349号）[EB/OL].（2018-11-01）[2022-07-18].https://www.suzhou.gov.cn/szsrmzf/bmwj/202001/f7c643911d99469aa25409c2f26797fe/files/e4e4fdbc924248e3b478df714f26a7e0.pdf.

管理系统,为跨省异地就医管理服务和费用直接结算提供支撑。其余各省级经办机构负责完善省级异地就医结算管理功能,统一组织协调并实施跨省异地就医管理服务工作,做好省际异地就医管理相关服务工作。

3. 费用结算

长三角地区跨省异地就医门诊费用医保基金支付部分实行先预付后清算的做法。长三角地区预付金原则上来源于各统筹地区医疗保险基金,并与国家跨省异地就医住院医疗费用直接结算的预付金和清算资金实行分账核算,资金不得互相挤占、挪用。

4. 对象范围

沿用国家异地就医结算平台的备案信息库和备案规则,试点地区参加职工保险或居民保险的四类人员(异地安置退休人员、异地长期居住人员、常驻异地工作人员及异地转诊人员),优先纳入长三角跨省异地就医门诊费用直接结算试点范围。

5. 结算范围

在起步阶段,结算范围暂限个人账户和一般门诊统筹。个人账户资金的使用,由各试点地区结合自身政策规定和工作实际予以规范。长三角三省一市根据区域异地就医结算平台的建设情况和各地完善门诊统筹的进展情况,逐步扩大医保基金的异地结算范围。开展长期护理保险试点工作的城市,可以结合实际积极研究将长期护理保险纳入试点范围。

6. 待遇规则

沿用国家异地就医住院费用直接结算规则,异地就医人员直接结算的门诊医疗费用,原则上执行就医地的支付范围及有关规定(基本医疗保险药品目录、医疗服务设施和诊疗项目范围);基本医疗保险统筹基金的起付标准、支付比例、最高支付限额等执行参保地政策。各参保地继续保留原有的异地就医门诊费用报销渠道,参保人因故垫付门诊费用的,可回参保地按规定申请报销①。

7. 首批纳入结算试点的医疗机构

经长三角三省一市协商决定,按照"一体化、齐步走"及"有条件、可增加"两项原则,先行选择了上海、浙江、江苏、安徽共45家医疗机构纳入直接结算试点范围,具体名单如表4-1所示。

表4-1　首批纳入试点医疗机构名单

试点地区	首批试点医院	医院级别
上海	复旦大学附属中山医院	三级
	复旦大学附属华山医院	三级
	上海市第六人民医院	三级
	上海市第一人民医院	三级
	上海交通大学医学院附属瑞金医院	三级
	上海中医药大学附属龙华医院	三级
	上海市第一妇婴保健院	三级
	复旦大学附属儿科医院	三级
	复旦大学附属眼耳鼻喉科医院	三级
	复旦大学附属肿瘤医院	三级
	上海交通大学医学院附属仁济医院	三级
	上海市儿童医院	三级
	上海儿童医学中心	三级
	上海市肺科医院	三级
	上海市胸科医院	三级
	松江区九亭镇社区卫生服务中心	一级
	松江区新桥镇社区卫生服务中心	一级
	松江区洞泾镇社区卫生服务中心	一级
	松江区车墩镇社区卫生服务中心	一级
	松江区叶榭镇社区卫生服务中心	一级
	金山区金山卫镇社区卫生服务中心	一级
	金山区朱泾社区卫生服务中心	一级
	金山区枫泾镇社区卫生服务中心	一级

---

① 长三角地区跨省异地就医门诊费用直接结算合作协议(沪人社医〔2018〕349号)[EB/OL].(2018-11-01)[2022-07-18].https://www.suzhou.gov.cn/szsrmzf/bmwj/202001/f7c643911d99469aa25409c2f26797fe/files/e4e4fdbc924248e3b478df714f26a7e0.pdf.

试点地区	首批试点医院	医院级别
浙江省	浙江大学医学院附属邵逸夫医院	三级
	浙江省中医院	三级
	浙江省立同德医院	三级
	杭州市第一人民医院	三级
	宁波市第一医院	三级
	宁波市第二医院	三级
	宁波市医疗中心李惠利东部医院	三级
	嘉兴市第一医院	三级
	嘉兴市第二医院	三级
	嘉兴市中医医院	三级
	嘉善县第一人民医院	三级
江苏省	盐城市第三人民医院	二级
	盐城市中医院	三级
	徐州医科大学附属医院	三级
	徐州市中心医院	三级
	徐州市云龙社区卫生服务中心	一级
	南通大学附属医院	二级
	南通市第　人民医院	三级
安徽省	滁州市第一人民医院	三级
	滁州市中西医结合医院	三级
	马鞍山市人民医院	三级
	马鞍山市中心医院	三级

资料来源：长三角异地就医门诊结算第一批试点地区名单出炉［EB/OL］.（2018-09-29）［2022-07-18］.https://www.sohu.com/a/256900564_120806.

（二）试点扩围阶段

2019年4月，试点范围从2018年9月的"8+1"扩展至"17+1"，新增江苏省南京市、泰州市、连云港市、常州市，浙江省杭州市、温州市、湖州市、舟山市，安徽省六安市等9个试点统筹区。同期，长三角地区跨省异地就医门诊费用直接结算工作推进会在上海举行。会议要求提升异地结算服务的便利性，逐步实现备案手段便利化，费用结算便利化，切实提高群众的满意度；要优化工作机制，巩固加强省际的沟通协调，形成"行政、经办、信息、监管"四位一体的议事协调工作机制，建立调研评估机制，对好的经验做法予以固化，形成长效；要扩大覆盖范围，加快实现三省市级统筹区和上海主要医疗机构两个全覆盖，增强群众的获得感①。

按照会议要求，江苏、浙江两省在2019年上半年将所有市级统筹区纳入联网覆盖范围；安徽省在2019年9月前将有条件的市级统筹区纳入联网覆盖范围；上海在2019年上半年将全市二、三级医疗机构纳入联网覆盖范围。

出席此次会议的国家医疗保障局相关领导指出，在全国范围内初步实现住院费用直接结算的基础上，在长三角地区先行先试门诊费用直接结算有重要意义。长三角三省一市搭建了沟通交流平台，建立了协同协调机制，国家医保局将继续大力支持长三角地区开展试点工作，并将适时推广试点取得的成功经验。希望长三角三省一市继续勇于探索、密切协作，加强医保基金监督管理，强化和完善信息系统功能，处理好方便异地就医与分级诊疗的关系，把好事办好。

出席此次会议的江苏省相关领导指出，长三角异地就医门诊费用直接结算是长三角一体化发展的重要内容，有利于促进人才等要素充分流动，推动区域产业、市场一体化；有利于优化整合区域优质医疗资源，增进民生健康福祉；有利于方便"候鸟老人"、外来务工人员等群体异地就医。江苏将主动服务和支持上海发挥龙头作用，加强与浙江、安徽的战略协同，加快推动长三角异地就医门诊费用直接结算的全面实施，推进全省所有统筹区与上海直接结算全覆盖，扩大试点医疗机构的范围。

出席此次会议的浙江省相关领导指出，异地就医门诊费用直接结算工作，是推进长三角区域医疗等公共服务一体化的关键点。下一步，浙江将抓早抓实，及早完成设区市开通异地就医结算服务，确保老百姓

---

① 长三角跨省异地就医门诊费用直接结算试点城市增至17城［EB/OL］.（2019-04-18）
　［2022-07-18］.https://baijiahao.baidu.com/s?id=1631152536663070219&wfr=spider&for=pc.

能刷卡、能结算，让老百姓实实在在地从这项民生实事中体会获得感。同时，合理引导，把异地就医门诊费用直接结算与推进分级诊疗、有序就医的目标有机结合起来，为符合条件的跨省异地就医参保群众提供方便快捷的结算服务。

出席此次会议的安徽省相关领导指出，安徽将积极融入长三角更高质量一体化发展，践行为民宗旨，落实国家战略，把异地就医门诊费用直接结算这项为民服务的好事办好、实事办实，让群众就医报销更加便捷，共享长三角一体化发展的成果。安徽将全力支持、加快推进，加强医保目录、信息系统的对接，加大难点、痛点问题疏解的力度，加快推进有条件地区的联网结算，尽早实现全覆盖。积极探索跨省医联体、远程医疗等交流合作，不断带动医疗卫生领域的更多协作。

从2018年9月28日开通试点以来，截至2019年4月15日，长三角地区异地就医门诊费用直接结算总量已达3.3万人次，涉及医疗总费用961.4万元人民币[①]。

（三）全覆盖提质增效阶段

2019年9月25日，长三角跨省异地就医门诊费用直接结算工作阶段总结会在安徽召开。在长三角跨省异地就医门诊费用直接结算试点满一周年之际，长三角地区41个城市全部实现医保"一卡通"，三省一市医疗机构覆盖已达3 500余家[②]。

2019年11月，由长三角三省一市人大社会建设委员会主办的"推动长三角区域医保一体化发展论坛"在沪召开[③]。截至2019年11月24

---

① 长三角跨省异地就医门诊费用直接结算试点城市增至17城［EB/OL］.（2019-04-18）［2022-07-18］.https://baijiahao.baidu.com/s?id=1631152536663070219&wfr=spider&for=pc.
② 长三角异地就医门诊费用直接结算系统全面联通［EB/OL］.（2019-09-25）［2022-07-18］.https://baijiahao.baidu.com/s?id=1645632336102785748&wfr=spider&for=pc.
③ 加强地方立法协同让"软约束"成为"硬要求"推动长三角地区医保一体化发展论坛在沪举行［EB/OL］.（2019-12-05）［2022-07-18］.http://www.npc.gov.cn/npc/c30834/201912/57fb5012ef4541c3b0ed8878b1179410.shtml.

日,长三角异地就医门诊费用直接结算总量累计达49万人次,涉及医疗总费用1.08亿元人民币。异地就医门诊费用直接结算已覆盖长三角41个城市,联网医疗机构达到3 974家。随着门诊费用直接结算的覆盖面不断扩大,知晓度不断上升,结算量还将稳步增长[①]。

二、试点遇到的主要困难与解决措施

在推进长三角跨省异地就医门诊费用直接结算的过程中,涉及的利益主体较多,包括医疗服务需求方、医疗服务提供方、卫生行政部门、医保管理部门等,各利益主体对政策的态度不尽相同,在不同程度上影响了政策的推进程度。理顺各利益主体之间的关系,了解他们的利益诉求,有助于加快推动异地就医门诊费用直接结算政策的落地;当前异地就医门诊费用直接结算仍在探索中,仍然面临信息化建设不均衡、互联互通基础不牢、结算平台网络不稳定等问题,还需进一步攻坚克难,保障试点的顺利推进。

(一) 不同主体间协同困境与解决措施

1. 跨省异地就医门诊费用直接结算中各主体及其利益分析

从当前我国医疗服务体系及医疗保障的角度来看,跨省异地就医门诊费用直接结算涉及的主要利益主体包括:医疗服务需求方、医疗服务提供方、卫生行政部门和医保管理部门。

1) 医疗服务需求方

作为医疗服务的需求方,参保患者的核心利益诉求并无差异,都是能够享受到更高质量的医疗服务和更加便捷的报销服务。其中,异地就医的参保患者,其利益诉求首先是在异地能够享受相较于参保地更为优质的医疗服务,其次能够享受到更为便捷的报销服务,从而减少

---

① 41个城市全覆盖! 长三角异地就医门诊结算是如何一步步实现的[EB/OL].(2019-12-04)[2022-07-18].https://www.sohu.com/a/358332982_439958.

就医负担。具体到长三角跨省异地就医门诊费用直接结算政策的推进过程，患者希望的是能够在异地获得高水平医疗服务的同时，能够使用医保卡直接进行异地门诊就医费用的结算。这样，他们就无须担心在省/市外就医的费用无法报销，也不用像之前一样在医疗机构、医保中心等部门往返办理相关证明材料，极大地节省了参保人的时间和精力。

2）医疗服务提供方

医疗服务提供方主要是各地区基本医疗保险的定点医疗机构，包括患者流入地和流出地两个方面。

医疗机构作为医疗服务的提供者，其利益诉求是不断提升医疗服务的质量，并实现医疗机构的可持续发展。在当前的体制机制下，不断提升服务水平吸引更多的患者前来就诊符合其利益诉求。同时，我国目前的医保定点医疗机构大多为政府举办的医疗机构，公益性是其基本属性。中央也多次强调要发挥公立医疗机构的公益性。因此，从贯彻落实"健康中国2030"战略，优化人民群众就医流程，提高人民群众健康水平的角度考虑，医疗机构从情理上理应配合推进长三角异地就医门诊费用直接结算政策的执行。但是，长三角跨省异地就医门诊费用直接结算政策的推行也对医院的运营管理提出了新挑战。

一方面，该政策的推行必须依靠信息平台的建设，因此医疗机构需要配合政府及医保部门对本机构的医保平台进行升级改造，并投入相应的资金和人员对医疗机构内的信息系统进行升级改造，以更好地对接地区的结算平台，同时配备专门人员对系统进行维护，处理平台故障，防止信息泄露。对于患者流入地医疗机构内部的医保管理部门而言，需要安排工作人员为异地就医患者进行政策的宣传，还要帮助异地就医患者处理异地就医实时结算过程中遇到的问题。

另一方面，该政策的推行，为患者流入地的医疗机构带来了更多的患者，但对患者流出地的医疗机构而言，其病人数量在不断减少。医院的业务开展离不开充足的病员，在医疗市场竞争日趋激烈的情况下，患者流出地的医疗机构苦于信息平台建设的资金投入，又面临着病员减少的风险，难以真正推动政策的执行。

3）卫生行政部门

卫生行政部门包括各地的卫健委、卫监所等医疗领域的各分管部门或机构。卫生行政部门肩负着制定健康政策，协调推进医药卫生体制改革，制定医疗机构、医疗服务行业管理办法并监督实施，建立医疗服务评价和监督管理体系等工作。其利益诉求主要是推动本地医疗机构的高质量发展，最终形成有序、合理的就医格局；保障民众的就医需求，为人民群众提供连续的卫生服务，提高其就诊满意度。推行异地就医门诊费用直接结算，可以更好地保障居民的医疗服务需求，所以从这个层面上讲，卫生行政部门存在着较好的利益共同点。

但是，卫生行政部门在协同推进长三角地区基本医疗保险异地门诊费用直接结算工作的过程中也存在不少困难，主要表现为：第一，协调工作难度大。长三角跨省异地就医门诊费用直接结算工作涉及政府各部门以及数以千计的定点医疗机构，多部门之间的协同必然会有矛盾或摩擦，需要协调处理。第二，工作量增大。异地结算可能会增加患者流入地医疗机构的工作量，为完成相关任务，各地卫生行政部门需要制定本地区基本医疗保险异地门诊费用直接结算的配套政策，规划设计业务流程，配置相关的卫生资源。第三，异地就医门诊费用直接结算政策的推行，虽然优化了区域内参保人员的就医流程，但也在一定程度上诱导了患者的无序就医，与目前推行的分级诊疗政策存在一定的冲突，进而加剧了患者流入地的"看病难"以及患者流出地的资源闲置状况，不利于卫生健康事业的整体均衡发展。

4）医保管理部门

医保管理部门包括各地的医保局、医保经办机构，负责医保基金的筹集及对医保基金的运营。医疗保障局是党和政府着眼于新时代的战略目标进行的顶层组织的设计,需要承担起保障医疗服务合理开展的职责,使人民群众"病有所医""病有所依"。《关于进一步深化基本医疗保险支付方式改革的指导意见》明确提出,要规范医疗机构的诊疗行为,实现医疗资源的合理配置。具体到长三角跨省异地就医门诊费用直接结算政策的推进过程,医保局要负责进一步完善异地费用直接结算平台,同时对异地就医行为进行监管,减少医保基金的滥用。

长三角跨省异地就医门诊费用直接结算工作的顺利推进,为医保管理部门履行职责带来了两方面益处。一是为完善全国范围内的医保异地结算工作提供借鉴,推动医药卫生体制深化改革。二是保障医疗资源相对欠缺地区的参保人能够至医疗资源丰富的地区接受治疗,发挥医保基金的作用。随着政策的逐步推进,医保局的工作量较此前明显增加,需要配备更多的人力资源负责处理异地结算平台出现的故障或突发情况。与此同时,异地门诊患者数量的增加,对医保部门监管医疗保险资金的工作也提出了新的挑战。

根据对长三角跨省异地就医门诊费用直接结算各相关利益主体的实地访谈结果,结合利益相关者的分类方法及分析模型,对长三角跨省异地就医门诊费用直接结算政策的利益主体进行分析后得出的结果如表4-2所示。

表4-2　长三角跨省异地就医门诊费用直接结算政策的利益主体分析

利益主体	核心利益诉求	利益关联程度	政策影响力	政策执行意愿
患者	寻求优质、安全、便捷、价廉的医疗服务	强	弱	强
流入地医疗机构	确保医疗安全,为更多患者提供优质医疗服务	中	中	中
流出地医疗机构	确保医疗安全,为更多患者提供优质医疗服务	中	中	弱

利益主体	核心利益诉求	利益关联程度	政策影响力	政策执行意愿
卫生行政部门	实现医保患者异地就医直接结算,保障人民群众生命健康	强	强	中
医保管理部门	确保异地就医门诊费用直接结算政策的有效执行,保障医保基金的合理使用和收支平衡	强	强	弱

2. 各利益主体对政策推进的动力与阻力分析

1)基于利益关联程度和政策影响力的矩阵分析

在长三角跨省异地就医门诊费用直接结算政策推行过程中,各利益主体对政策的态度和行为不尽相同,并且主要受其利益关联程度和其对政策影响力的影响。从表4-3可以看出,与政策利益关联程度强且政策影响力也强的利益主体往往是政策的制定与监管部门,比如卫生行政部门及医保管理部门。它们不仅对政策的施行有着明确的诉求与目标,而且具备一定的政策调整权力,并且可以通过自身的职权确保政策的有效执行。因此,在政策推行过程中需要优先考虑这些利益主体的得失,以实现这些部门的目标,保障长三角跨省异地就医门诊费用直接结算政策的顺利推行。

表4-3　利益关联程度与政策影响力矩阵分析

政策影响力	利益关联程度		
	强	中	弱
强	卫生行政部门医保管理部门	—	—
中	—	患者流入地医疗机构患者流出地医疗机构	—
弱	患者		

2)基于利益关联程度和政策执行意愿的矩阵分析

各利益主体对政策的推动或阻碍,主要表现在其与政策利益关联程度和政策执行意愿上。如果利益主体的关联程度与其政策执行意愿完全对应，即利益关联程度强者的政策执行意愿也强，则说明政策目标总体符合各利益主体的利益诉求；反之，则说明政策目标并不完全符合各利益主体的利益诉求。如表4-4所示，在长三角跨省异地就医门诊费用直接结算政策的推行过程中，所有利益主体中，仅患者存在强烈的异地就医意愿，而医保管理部门及患者流出地的医疗机构的跨省异地就医门诊费用直接结算的政策执行意愿均处在较低水平上，说明以上各方对政策的推行动力不足。

表4-4　基于利益关联程度和政策执行意愿的矩阵分析

政策执行意愿	利益关联程度		
	强	中	弱
强	患者	—	—
中	卫生行政部门	患者流入地医疗机构	—
弱	医保管理部门	患者流出地医疗机构	—

3）各利益主体政策协同困境的具体分析

在长三角跨省异地就医门诊费用直接结算政策的实施过程中，各利益主体出于各自的利益诉求，相同地方的不同角色以及不同地方的同一角色对于推动基本医疗保险异地就医直接结算都有着各自的主观认识及客观行动，形成了政策推进过程中的各方博弈。

对于长三角地区而言，由于现有的医疗资源区域间分配不均，实现跨省异地就医门诊费用直接结算后，必然会出现医疗资源相对较弱地区的参保人向医疗资源相对优质的区域聚集的情况。在实际运作过程中，如果医疗资源相对较弱的地区支持本地参保人至外地就医，必然会导致本地区的医保基金外流，同时损失的还有该部分参保人在本地区就诊给医疗机构带来的收入，因此这些地区的卫生行政部门及医保管理部门主观上缺乏推动长三角地区异地就医门诊费用直接结算的内生动力，也很难有配套政策及财政支持；对于医疗资源相对优质的地区而言，如果允许外地参保人来本地就医门诊费用直接结算，首先并不会因此增加单个外地就诊患者的门诊收入，其次还需要投入成本负责对这部分异地就医人群的基本医疗保险费用进行一定的审核管理。此外，就算是直接结算可能会增加外地就医的患者总量，但因为门诊的收入总体上并不高，可能同时还要承担外来就医人数增加导致的优质医疗资源紧张的风险。因此，作为医疗资源优质地区的卫生行政部门和医保部门也并没有强烈的动力来支持异地就医门诊费用直接结算。总体而言，对这两类地区来说，地方主管部门对推进异地就医门诊费用直接结算政策的积极性都不高。

此外，患者的数量在很大程度上决定了医疗机构的发展潜力。我国目前的国情决定了任何一家医疗机构的诊疗水平的提升、专业学科的发展包括医院职工收入的水平都与医院收治的患者数量密切相关。对于基本医疗保险定点医疗机构来说，在其医疗资源承载力范围之内，显然前来就诊的参保患者数量越多越好。在长三角跨省异地就医门诊费用直接结算政策完全实施以后，医疗技术水平相对低的地区的参保人有了更大的就医选择权，可以直接绕过本地医疗机构直接办理异地就医备案，然后前往区域内医疗技术水平更高的上海、南京、杭州等地就诊，导致医疗技术水平相对较低地区的医疗机构患者数量更少，其学科发展和诊治水平的提升难以得到保障。因此，这些患者流出地区的医疗机构很难支持长三角地区异地就医门诊费用直接结算政策。对上海、南京、杭州这些异地就医患者聚集的城市而言，各地赶过来的患者尤其是疑难杂症患者数量众多，导致这些城市内的知名医疗机构门急诊量、住院量指标明显提升，对医院的收入、学科的发展起到了明显的正向作用。

3. 协调各主体利益，统筹推进试点的主要举措

根据利益主体推进试点政策的动力与阻力分析可以发现，卫生行

政部门与医保管理部门对政策的影响力最大，也是关联程度最强的利益主体，因此卫生行政部门与医保管理部门在推进试点过程中的正确作为，对试点工作的顺利推进来说最为重要。

长三角在推进异地就医门诊费用直接结算试点的过程中，三省一市首先建立了专项领导小组牵头，行政、经办、信息、监管"四位一体"的协商协调机制，有力推进了试点工作的落实。专项领导小组由四地分管省（市）长任组长；专项领导小组下设办公室，由四地医保部门的主要领导和分管领导任办公室正、副主任。专项领导小组办公室下分设行政、经办、信息等具体工作组，从政策、经办、联网、监管等层面定期开会，多层次、多频次、多部门沟通，共同推进各项具体工作的落实。

（二）联网结算信息平台遇到的挑战与解决措施

异地就医联网结算是指在一定区域范围内，各统筹区医保经办机构通过建立异地医保网络、制定统一规则等方式，建立一套可以将异地就医行为有关信息实时进行传输的计算机信息系统，通过这套信息系统，隶属于不同统筹区的医保经办机构和医疗机构可实现就诊信息资源的互联共享，联网的医疗机构将就诊人员费用等信息实时传输到该人员参保地医保经办机构，由经办机构医保结算信息系统自动根据报销比例计算出医保报销金额，从而免除就诊人员垫资的医保异地就医结算模式。

从结算效率来看，异地医保联网模式是目前最为高效的异地就医结算模式，也是对于参保人员来说最为简便的模式，是医保制度发展的必然方向。从全国范围来看，除西藏等少部分地区外，在2016年两会前，全国各省区市已经不同程度地实现了省区市内异地就医联网结算；2017年1月国家医保结算平台上线，各地医保统筹区陆续通过验收接入国家平台。但跨省异地就医门诊费用直接结算仍在探索中，实现直接结算仍然面临信息化建设不均衡、互联互通基础不牢、结算平台网络不稳定等问题。

1. 联网结算信息平台遇到的挑战

1）信息化建设不均衡

通过构建异地就医统一结算平台，提供统一的、规范化的业务流程和信息系统接口，可有效解决异地就医结算问题。异地就医统一结算平台依托于精密的信息系统，这是构建异地就医统一结算平台首先要渡过的"技术难关"。比如患者在参保地交纳基本医疗保险，经审核转诊到异地接受治疗，结算时在就医地的结算页面上就要有患者的具体信息，如参保地、参保种类等，这样才可结算。但是，全国各地信息化发展水平不一，在缺乏统一的基本医疗保险个人信息、就诊记录、标准等条件下，推进信息系统统筹的工作就难以进行。

同时，由于各省甚至同一省管辖的各市选择的开发商和数据编程方法有差异，导致系统兼容性差，功能不完整问题比较突出。信息系统作为参保地医疗机构和就医地医疗机构之间业务联系的桥梁，承担着信息调取、凭证传送与审核、费用核算、费用结算等业务。不同的软件公司技术水平也有差别，系统各异，信息技术工程师也经常更换，因此由信息兼容性差致使的业务经办问题突出。升级信息系统平台接口需要通过数据库改造，其中交互数据格式、参保人基本信息查询、定点机构信息维护、备案、登记、结算、召回、门诊收费、门诊收费冲销、稽核扣款、稽核扣款申请、服务器测试的功能及服务类等20项主要功能模块，必须编程完成才能发挥完整的功能。目前，有的省区市仅完成其中的部分内容，功能还不完善。另外，尽管各省区市基本完成了省区市内信息系统改造，实现了直接结算的基本功能，但从长远统一的角度看，经办需求还没有得到有效解决，下一步改造升级的困难加剧，所需的建设资金缺口更大。

2）互联互通基础不牢

实现长三角跨省异地就医门诊费用直接结算，需要参保地和就医地之间信息流、业务流、资金流的互联畅通。在医保网络信息系统的设计中,目前我国各地区的医疗保险数据库和管理系统都没有统一的规范及标准,只能依据各地具体的经济社会发展情况自行开发,缺乏统一的设计思想和长远规划,造成各统筹区域缺少信息沟通与合作意识,各统筹地区间的医保网络信息不联通,相关医保的信息和数据资源无法共享。各个信息系统进行内容扩编后,出现了编码相同但内容不同,或编码不同但内容相同的情况,造成了各统筹区域信息系统整合困难。由于参保人员的医疗保险信息只能保存在其参保地的数据信息库中,当其发生异地就医行为时就给结算带来了很大的麻烦。

2. 解决联网结算信息平台问题的举措

与长三角跨省异地就医住院费用直接结算相比,长三角跨省异地就医门急诊费用直接结算数量多、频次高,要求结算响应速度快,并要确保异地结算时医保基金安全可控。通过构建异地就医统一结算平台,提供统一的、规范化的业务流程和信息系统接口,可有效解决异地就医问题。为此,上海牵头开发了"长三角异地门诊直接结算信息平台",借鉴国家异地就医住院费用直接结算的相关标准,对数据接口予以规范。各试点地区按照工作实际,在初期"点对点"联网的基础上,优化本地异地就医结算信息系统软硬件改造工作,实现更多统筹地区接入省级平台。依据就医地目录和参保地政策进行异地支付,与各城市几千家医院的信息系统兼容,所有上传数据有了统一的标准。同时,基于长三角地区门诊结算交互专项平台,苏浙皖三省着力搭建各自的信息网络,通过省级平台等可行方式与上海实现双向对接和互联互通。如徐州市通过系统改造与流程优化,不断化解异地就医直接结算"堵点",顺利打通了该市医保业务系统、各定点医疗机构与异地门诊费用直接结算信息平台之间的互联共享通道[①]。

---

① 异地就医"结算烦"　长三角如何求解[EB/OL].(2021-05-21)[2022-07-18].https://baijiahao.baidu.com/s?id=1700361338671321010&wfr=spider&for=pc.

三、长三角异地就医门诊费用直接结算的最新进展

（一）政策的进展

1. 总体要求及规定

2020年8月20日，习近平总书记在合肥主持召开扎实推进长三角一体化发展座谈会并发表重要讲话。他强调，"要深刻认识长三角区域在国家经济社会发展中的地位和作用，结合长三角一体化发展面临的新形势新要求，坚持目标导向、问题导向相统一，紧扣一体化和高质量两个关键词抓好重点工作，真抓实干、埋头苦干，推动长三角一体化发展不断取得成效"。他提到要"促进基本公共服务便利共享。要多谋民生之利、多解民生之忧，在一体化发展中补齐民生短板。三省一市要结合这次新冠疫情防控的经验，利用长三角地区合作机制，建立公共卫生等重大突发事件应急体系，强化医疗卫生物资储备。要推进实施统一的基本医疗保险政策，有计划逐步实现药品目录、诊疗项目、医疗服务设施目录的统一。要探索以社会保障卡为载体建立居民服务'一卡通'，在交通出行、旅游观光、文化体验等方面率先实现'同城待遇'"①。总书记的要求为长三角医保一体化的发展指明了方向。

2021年3月20日，上海、江苏、浙江与安徽四省市医保局共同印发《2021年长三角医保一体化工作要点》（以下简称《要点》）。《要点》指出，在长三角实行统一的医保目录，要加强长三角药品耗材招采联动，探索建立长三角医疗服务项目合理比价体系，加强招采、价格、支付联动。三省一市医保局将梳理长三角药品目录、诊疗项目、医疗服务设施目录相关内容，明确方法和路径，逐步推进三个目录的统一实施。

---

① 习近平主持召开扎实推进长三角一体化发展座谈会并发表重要讲话［EB/OL］.（2020-08-22）［2022-07-18］.https://baijiahao.baidu.com/s?id=1675694284777649676&wfr=spider&for=pc.

根据《要点》，整体计划分三步走。第一步是对三省一市现行药品目录、诊疗项目、医疗服务设施目录等进行系统排摸调研，了解现状和问题。第二步是按照国家医保局统一医保药品目录的工作要求，在长三角推广实行统一的《基本医疗保险、工伤保险和生育保险药品目录》。第三步是结合国家医保信息标准化工作，在长三角分步实现统一互认的诊疗项目和医疗服务设施目录[①]。

《要点》还要求推进长三角医保公共服务便利共享。按照国家医保局关于医保经办服务清单"六统一"（统一事项名称、统一事项编码、统一办理材料、统一办理时限、统一办理环节、统一服务标准）和"四最"（服务质量最优、所需材料最少、办理时限最短、办事流程最简）要求，先完成三省省内医保经办事项统一，迟一步推进长三角统一医保经办政务服务事项。同步推广应用医保电子凭证，实现跨省医保经办服务一体化[②]。

2. 具体政策规定的优化

1）免备案探索

2020年6月19日，在浙江省湖州市召开的长三角地区医保一体化工作座谈会上，青浦、吴江、嘉善三地医保局签署《长三角生态绿色一体化示范区医保一体化建设合作协议》[③]，通过"青嘉吴医保一体化示范区"建设，力争率先实现医疗保障领域同城化。其中提出长三角生态绿色一体化发展示范区实现免备案异地门急诊就医，示范区内的青浦、吴江、嘉善三地的参保人员在示范区区内的85家医保定点医疗机

---

① 关于印发《2021年长三角医保一体化工作要点》的通知［EB/OL］.（2021-02-25）［2022-07-18］.http://ybj.sh.gov.cn/qtwj/20221109/199b6edce83a44c6a060521b9441d534.html.

② 关于印发《2021年长三角医保一体化工作要点》的通知［EB/OL］.（2021-02-25）［2022-07-18］.http://ybj.sh.gov.cn/qtwj/20221109/199b6edce83a44c6a060521b9441d534.html.

③ 青嘉吴三地共同签署《长三角生态绿色一体化示范区医保一体化建设合作协议》［EB/OL］.（2020-07-03）［2022-07-18］.http://csjfzb.jiaxing.gov.cn/art/2020/7/3/art_1601416_50116222.html.

构看门诊急诊，无须提前备案，可以直接刷社保卡挂号、看病、结算，享受示范区同城化、一体化红利。下一步将继续推进示范区医保一体化建设工作，全面落实示范区医保"信息一体化、服务一体化、保障一体化、共享一体化、管理一体化"工作要求，不断满足人民群众的美好生活需求①。

2021年3月，《2021年上海市城市数字化转型重点工作安排》发布，并提出坚持贯彻"人民城市为人民"的重要理念，精准触达"基本民生"，创新发展"品质民生"，着力跨越"数字鸿沟"。2021年，上海将打造标杆性的数字化转型应用场景，其中就包含了深化"便捷就医"的示范场景应用②。

2021年5月28日，在2020年门诊异地就医免备案的基础上，长三角一体化示范区完成扩大免备案范围至住院、互联网+异地就医结算等，率先实现"异地就医结算全领域免备案"。截至2021年5月，上海市青浦区、浙江省嘉兴市嘉善县、江苏省苏州市吴江区三地共有85家医保定点医疗机构已接入门急诊联网结算系统，覆盖三地参保人数230余万③。

典型案例

　　"上海、江苏原来讲起来都是外地，现在感觉有点像一家人了。"浙江省嘉兴市嘉善县罗星街道居民沈林琪如是说。之所以有这样的感慨，是因为她这两年带家人就医的亲身经历。离罗星街道不远的苏

① 长三角示范区实现免备案异地就医结算［EB/OL］.（2020-08-25）［2022-07-18］.http://www.suzhou.gov.cn/szsrmzf/wsjkzccsjssqk/202008/cbc40a5bc1814191962042490f6e61d1.shtml.
② 《2021年上海市城市数字化转型重点工作安排》发布，今年打算这么干！［EB/OL］.（2021-03-29）［2022-07-18］.https://m.thepaper.cn/baijiahao_11942275.
③ "异地同城"的生活正在长三角地区成为现实［EB/OL］.（2021-05-28）［2022-07-18］.https://baijiahao.baidu.com/s?id=1700983555021445361&wfr=spider&for=pc.

州市吴江区黎里镇,骨伤治疗水平高,居民们有点跌打损伤的毛病,都愿意去黎里中心卫生院看。不过,因为罗星、黎里地处两省,跨省看病有着诸多不便。"首先就是过路费,不到40公里的路程,有2个收费站。"沈林琪说。50多岁的母亲此前不小心摔了一跤,腰部扭伤。家里人把老人送到黎里诊疗,除了药物之外,还需要针灸理疗,近1个月时间,每个星期都要去两三次。"往返1次,过路费就是50元,开销不小。"

除了交通,医保卡是另一个障碍。到了医院,浙江的医保卡在江苏无法直接使用,每次治疗都要拿一张新就诊卡,治疗和药品均无法报销,全部自费。沈林琪说,也听说过在参保地以外就医报销的政策,但是有些麻烦,"自费之后想报销的话,又得两边来回跑,干脆就不办了。"

去年底,因为母亲的腰又有些不舒服,沈林琪又带着母亲到黎里中心卫生院看病,这一路的感受让她有些出乎意料。"取消了收费站,来回路费就省了50元。"沈林琪说,"医保卡也可以直接刷了,药品通过刷卡结算也有优惠,最关键的是,因为使用的是固定医保卡,母亲过往的就诊记录都能显示,医生的治疗更有针对性。"沈林琪感慨:"以前只听说长三角一体化发展,但没有很直观的感受,走这一趟,有了真真切切的获得感。"

邻居们听说了沈林琪母亲就诊经历的前后变化,都很开心,前些天,4个邻居结伴到黎里中心卫生院检查、理疗,刷卡结算,很方便。"对于老百姓来说,医疗、教育上的变化,都会有最切身、直观的感受,希望长三角一体化发展带来的变化越来越多,让我们这些生活在县城里的人得到更多实惠。"沈林琪说。

资料来源:《异地就诊　看病更省心(构建新发展格局·更好推动长三角一体化发展)》,载2021年2月3日央广网。

复旦大学附属中山医院青浦分院急诊科副主任医师周明浩表示："有了电子医保凭证以后，患者通过手机上的电子医保凭证，直接到我们的付费窗口或者自助机上就可以直接挂号了。"①

典型案例

浙江嘉善市民杨小姐来上海出差，因为喉咙痛前往复旦大学附属中山医院青浦分院就诊，虽然忘带了医保卡，但经医院收费服务窗口工作人员提醒，可使用已申领的医保电子凭证进行异地门诊就医。杨小姐说："我挂号、看病到支付，然后到取药整个流程就我只要刷医保电子凭证，全部就可以过了，不需要实体卡了，我觉得整个流程就非常方便，对于像我这种忘记带卡的病人来说，真的是非常好的。"

"示范区'互联网医院'医保异地结算，长三角（上海）智慧互联网医院（朱家角人民医院）已成功实现异地网上在线结算。示范区参保人员在当地通过关注医院公众号等，实名注册并认证后，就能实现网上复诊、网上配药、网上医保结算支付，足不出户就能享受到方便、快捷、优质的医疗服务。目前，已联网结算1 174人次。"上海市医疗保障局副局长曹俊山表示，示范区已实现异地就医结算"一码通"，只需在手机上激活医保电子凭证，就能实现"不带社保卡看病"，让群众就医更方便、更安心。

资料来源：《长三角一体化示范区医保异地结算，让百姓足不出户享受方便、快捷、优质的医疗服务》，载2021年7月15日《人民咨询》。

---

① 长三角一体化示范区医保异地结算，让百姓足不出户享受方便、快捷、优质的医疗服务［EB/OL］.（2021-07-15）［2022-07-18］.http://www.cnr.cn/shanghai/tt/20210715/t20210715_525535674.shtml.

2）在线备案

国家医保局开发上线的国家医保服务平台App,提供异地就医备案功能。22个省份的170个统筹地区的参保人可以依托国家统一的线上备案渠道办理备案,同时可以在线查询开通普通门诊试点的统筹地区和定点医药机构。为保障参保人员的权益,试运行期间直接结算未成功的费用,仍保留原有报销渠道。国家医保局还将继续优化管理、规范流程、改进服务,推进医疗保障高质量发展,不断提升人民群众的获得感、幸福感和安全感。

（二）当前长三角跨省异地就医政策的规定与流程

1. 人群范围

长三角41个城市所有基本医疗保险参保人员中有异地就医需求者。

2. 病种范围

门诊普通病种均可进行直接结算,门诊特殊病种、慢病等暂时无法直接刷卡结算。但是国家医保局明确,门诊特殊病种、慢病等费用跨省直接结算将逐步从高血压、糖尿病等涉及人群较多、地方普遍开展的项目起步,逐步扩大到其他门诊特殊病种、慢病病种[1]。

3. 备案流程

目前,除长三角生态绿色一体化发展示范区外,参保人员在结算长三角地区异地就医门诊费用前须先办理登记备案手续,备案人员将被统一纳入国家异地就医结算系统的备案库进行管理。

1）查询试点地区及覆盖的医疗机构、零售药店

目前有3种途径可查询试点地区及覆盖的医疗机构、零售药店[2]。

第一种途径:关注国家医保局公众号,点击下方导航栏中"我的医

---

[1] 国家医保局办公室　财政部办公厅关于开展门诊慢特病相关治疗费用跨省直接结算试点工作的通知（医保办函〔2021〕4号）[EB/OL].（2021-09-07）[2022-07-18].http://www.gov.cn/zhengce/zhengceku/2021-09/15/content_5637491.htm.

[2] 普通门诊费用跨省直接结算攻略来了[EB/OL].（2021-02-24）[2022-07-18].http://www.gov.cn/fuwu/2021-02/24/content_5588670.htm.

保"，选择"公众查询"，点击"开通普通门诊费用跨省直接结算的统筹地区"，选择您需要查询的省份后点击"查询"按钮，可搜索已开通的统筹地区。

第二种途径：参保人可以通过国家医保服务平台网站（https://fuwu.nhsa.gov.cn）跨省异地就医查询版块查询跨省门诊费用试点地区情况。点击页面左下角"跨省门诊费用直接结算试点查询"按钮进入版块，左下角"试点地区情况查询"查询参保地统筹地区的门诊开通情况。门诊开通标志为"开通"，说明该统筹地区的参保人跨省就医可以直接结算普通门诊费用；同时，该统筹地区的部分定点医药机构可以对外省参保人提供门诊费用跨省直接结算服务。门诊开通标志为"未开通"，说明该统筹地区作为参保地和就医地暂时均不能提供跨省门诊费用直接结算服务。

第三种途径：在主流应用商店下载并打开"国家医保服务平台"App，点击"业务办理"中的"异地就医"，进入异地就医页面，点击"门诊查询"按钮，再点击"试点地区门诊开通地区查询"，可选择相应省份或统筹地区查看是否开通普通门诊费用跨省直接结算服务。

通过以上3种途径，还可以查询开通普通门诊费用跨省直接结算的"异地联网定点医药机构"以及"联网零售药店"。

2）备案

① 已办理基本医疗保险跨省异地就医住院费用直接结算备案的参保人员，同步开通普通门诊费用跨省直接结算服务，无须另外备案；② 各地门诊费用跨省直接结算政策不同，其他有普通门诊就医需求的人员按照参保地异地就医管理要求办理异地就医备案；③ 可以通过国家医保局公众号查询所属参保地是否需要备案，也可向参保地医保经办机构咨询具体要求。

跨省异地就医医保结算曾经有"三步走"的口号：先备案、选定点、持医疗保障（医保卡或医保电子凭证）就医。其中，选定点是指选择跨省定点医疗机构就医。但随着医保政策的不断变化和发展，参保人在备案的时候不需要再特意提交自己选择的定点医疗机构了，可以在备案的就医地中，所有具有资格进行跨省异地就医直接结算的定点医疗机构就医，实现持卡结算。

典型案例

日前，安吉市民张小海（化名）在安吉县第三人民医院就医时，经医生检查诊断后，建议其前往上海就医。而跨省就医要实现直接刷卡结算需要先在安吉医保服务中心进行备案，否则无法进行医保直接刷卡结算，需要自己先行垫付，再回到安吉医保服务中心进行报销。经医生宣传告知，张小海可在手机上进行自助转院备案，通过国家医保服务平台App，填写个人信息后，在"异地就医"模块内就可进行自助转院备案。

"没想到现在这么方便，几分钟就搞定了，不用来回跑。"张小海告诉记者。据悉，张小海是第一个通过国家医保服务平台在线上自助备案的湖州市民。

2021年7月1日起，安吉县正式开通跨省异地就医自助备案服务，成为国家首个县级试点。市民足不出户，通过手机端就可进行自助备案。"原先跨省异地长期居住人员或者跨省临时外出就医人员，都需要到医保服务中心填写纸质版《浙江省（区、市）跨省异地就医登记备案表》进行新增备案，备案撤销也需到医保中心。"安吉县医保局医保服务中心副主任李红波介绍，现在备案开通和关闭都可在线上进行，免去了参保群众来回奔波，实现"跑零次"。

跨省异地就医自助备案服务的开通，进一步便捷了参保群众跨省异地就医直接刷卡结算。前期，安吉县医保局积极对接国家医保局，开通端口，不断进行测试与完善。"随着生活水平的提升，市民跨省异地就医需求逐步增大，基本每月有140人来医保服务中心办理备案。"
李红波说。目前备案功能稳定，接下来会通过分发宣传册，向市民进
行宣传，同时通过各大医院、乡镇卫生院进行同步宣传，让广大市民逐
步了解可通过手机线上备案，大大减少线下备案的人次，对市民和医
保经办人员来说都是"减负"。

资料来源：《安吉成为全国首个县级试点：市民跨省异地就医可
享自助备案服务》，载2021年7月21日《湖州日报》。

根据国家医保局提供的信息，目前备案中也会遇到报错的情况，常
见的原因有以下几种："参保地暂时未开通""参保人未备案""个人参
保状态异常""个人账户余额不足"和存在"系统问题"等。若是个人
参保状态异常，可以查询近期的医保缴费记录，如有断缴情况应及时补
缴，补缴完成后，再次进行备案或者医保结算。国家医保局还提示，参
保人员遇到门诊费用跨省直接结算报错的情况后，仍可以按照原有报
销渠道进行手工报销[①]。

4. 支付范围与支付标准

按照试点要求，参与国家试点的地区要统一异地就医转出流程，规
范异地就医结算流程和待遇政策。跨省异地就医人员直接结算的门诊
费用，原则上执行就医地规定的支付范围及有关规定（基本医疗保险药
品、医疗服务项目和医用耗材等的支付范围）。基本医疗保险基金起付
标准、支付比例、最高支付限额、门诊慢特病病种范围等报销政策执行
参保地的规定。如果未办理异地就医备案，异地就医后回参保地申请
手工报销，那么报销范围、报销比例都是按照参保的标准，当然也不会
有"异地就医，报销范围和比例会有差异"的情况。

---

① 普通门诊费用跨省直接结算攻略来了［EB/OL］.（2021-02-10）［2022-07-18］.http://
www.gov.cn/fuwu/2021-02/24/content_5588670.htm.

参保人员在进行门诊费用跨省直接结算时,就医地经办机构按照就医地支付范围和规定对每条费用明细进行费用分割,经国家、省异地就医结算系统实时传输至参保地,按照参保地政策规定计算出参保人员个人负担以及各项医保基金支付的金额,并将结果回传至就医地定点医药机构[①]。

四、长三角异地就医门诊费用直接结算试点的创新举措

建制理念、制度设计以及技术方案是决定社会保障制度建设的重要因素,并遵循科学的理念优于制度设计,合理的设计优于技术方案选择的基本逻辑[②]。在国家医疗保障局的指导下,长三角三省一市医保部门按照"坚持分级诊疗、立足现有基础、分步有序推进"的总体原则,积极配合,同步协调推进结算政策、经办、信息、监管等工作,大力推动了异地就医门诊费用直接结算试点工作。通过以下四个主要举措,逐步实现了长三角跨省异地就医门诊费用直接结算工作的落地及优化。

(一) 创新工作机制,构建跨部门、跨区域协同平台

利益相关者是能够影响组织目标实现或被组织目标影响的群体或个人。根据利益相关者理论,各利益相关者的利益诉求、政策影响力和执行意愿在公共政策的执行中发挥着不同程度的作用,主要利益相关者行动的偏离可能导致非预期政策结果的出现,因此需要通过科学的激励约束机制及利益平衡机制有效协调各利益相关者的实际行为,从而达成集体理性的行动和部署,避免相关主体出现政策回避、偏离或抗

---

① 国家医疗保障局　财政部关于推进门诊费用跨省直接结算试点工作的通知(医保发〔2020〕40号)〔EB/OL〕.(2020 - 09 - 30)〔2022 - 07 - 18〕.http://www.nhsa.gov.cn/art/2020/9/30/art_37_3679.html.

② 郑功成.中国社会保障改革与发展战略:理念、目标与行动方案〔M〕.北京:人民出版社,2008: 17.

拒。在推进长三角门诊费用跨省直接结算过程中涉及多个利益主体，主要包括各级医保管理部门、各级医保经办机构（包括参保地经办机构和就医地经办机构）、卫生行政部门、医疗机构（包括参保地医疗机构和就医地医疗机构）、参保人、相关企业（如信息技术公司等）[①]，各政策主体的利益诉求不同，如何平衡各方利益主体共同推进政策施行是重点，也是难点。

在推进异地就医门诊费用直接结算试点的过程中，长三角三省一市首先建立了牵头的专项领导小组，以及行政、经办、信息、监管"四位一体"的协商协调机制，有力推进了试点工作的落实。

专项领导小组由四地分管省（市）长任组长；专项领导小组下设办公室，由四地医保部门的主要领导和分管领导任办公室正、副主任；专项领导小组办公室下分设行政、经办、信息等具体工作组，从政策、经办、联网、监管等层面定期开会，多层次、多频次、多部门沟通，共同推进各项具体工作的落实。

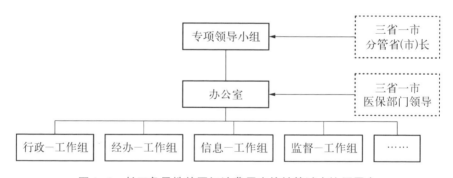

图4-1　长三角异地就医门诊费用直接结算试点协同平台

解决协同问题，是长三角跨省异地就医门诊费用直接结算试点成功的关键。就"住院"而言，各地的政策、报销比例、报销范围大致趋同；而就"门诊"而言，不同省份、不同统筹区仍有较大差异。江苏有

① 谢莉琴，胡红濮.异地就医直接结算政策执行的利益相关者分析[J].社会保障研究，2021（3）：70-77.

八十多个统筹区,浙江也有六七十个统筹区,安徽有十几个统筹区,各省内部的政策都不统一。在这种不统一、不均衡的情况下,要实现长三角跨省异地就医门诊费用直接结算,就更需要三省一市自上而下的协同。可以说,协同平台的成立是试点的各项政策顺利实施的有力保障。

协同平台自成立以来,围绕长三角跨省异地就医门诊费用直接结算项目的推进,三省一市医保局及相关部门密集碰头,开会统筹、改造系统、多次调试、优化流程,解决了很多政策、技术上的堵点;共同拟订长三角地区开展异地就医门诊费用直接结算协议文本、经办规程、三年行动计划纲要以及年度工作要点等;积极推动《长三角地区跨省基本医疗保险关系转移接续业务联小合作协议》的迅速落地,加强省际沟通协调,探索构建高效的长三角地区异地就医协同监管体制和运行机制,在长三角示范区实现所有医保事务的一体化。

(二)信息互联互通,打造医保异地门诊结算系统

交易成本理论认为,人们的每次交易行为都是有成本的,这些成本包括交易所需付出的时间、人力、财力等。一项政策能否得到有效落实主要取决于两点:一是该政策是否能够顺利推行;二是该政策在实行的过程中是否能够公平公开地分配利益且产生的交易成本处于合理可控的范围。长期以来,我国的基本医疗保险异地就医模式存在着交易成本过高的问题,参保人员需要自己先垫付全部的医疗费用后,再到医保经办机构办理医保手工报销手续,其时间成本、金钱成本、劳务成本等较高。研究推行异地就医医保费用联网结算政策的重要目的就是降低异地就医结算的交易成本,实现简单、便利的医疗费用结算,让参保人员凭着一张社会保障卡就可以直接联网结算。

在推进长三角跨省异地就医门诊费用直接结算试点的过程中,通过各方的协调与努力,三省一市已在多个层面实现了信息的互联互通,全方位降低了交易成本。① 联网模式,起步阶段采用"点对点(试点地区与上海市联接)"的方式进行联网;② 联网通道,借助国家异地就医

住院结算已使用的金保网,搭建三省一市互联互通网络;③ 就医凭证,使用现有的社会保障卡作为就医凭证,社保卡的"卡鉴权"确认可以由各地完成;④ 结算平台,上海已搭建了一个轻量化的长三角异地就医门诊结算平台,在不做业务逻辑的前提下,提供消息转发、管理等功能;⑤ 省际接口,接口内容参照异地住院接口,只在部分内容的定义上进行了微调,方便各地改造,也方便今后迁移到国家平台;⑥ 备案信息,备案直接使用部备案库,已经为住院备案的参保人,不用为门诊再次备案,大大提升了备案效率;⑦ 医院清单,医院资格清单直接使用异地就医的医院清单库,打上开通门诊标示[①]。

　　以搭建结算平台为例。为打通数据环节,上海市牵头开发和搭建了长三角异地就医门诊费用直接结算的信息平台,借鉴国家异地就医住院费用直接结算的相关标准,对数据接口予以规范。各试点地区按照工作实际,在初期"点对点"联网的基础上,优化本地和异地就医结算信息系统软硬件改造工作,实现更多统筹地区接入省级平台。

　　同时,基于长三角地区门诊费用结算交互专项平台,苏浙皖三省着力搭建各自的信息网络,通过省级平台等可行方式与上海实现双向对接,实现互联互通。如徐州市通过系统改造与流程优化,不断化解异地就医直接结算的"堵点",顺利打通了该市医保业务系统、各定点医疗机构与异地门诊费用直接结算信息平台之间的互联共享通道[②]。

　　此外,为了确保异地结算系统的稳定顺畅运行,苏浙皖三省均建立了省内信息沟通机制,搭建省、市、县和医院的四级应急响应联动机制,如浙江省专门成立长三角运维小组,配备专门的信息技术人员和工程师,实时监测长三角异地就医运维情况。医疗机构、参保人、经办机构可通过电话、省平台集中系统、钉钉、微信、QQ等多种方式,将问题提交

① 王伟俊.长三角异地就医结算 上海在行动[J].上海信息化,2019(11):54-56.
② 赵鞴.异地门诊直接结算"花红果硕"[J].中国社会保障,2019(8):40-41.

至省医保中心,由运维小组成员第一时间就反映的问题与反映人进行沟通、反馈,并及时处理。

2019年9月25日,长三角地区异地就医门诊费用直接结算工作阶段总结会召开,会上宣布长三角异地就医门诊费用直接结算系统全面联通,这标志着长三角地区的居民将享受到更加便捷的就医流程和服务[1]。

(三) 先试点后推广,逐步推动异地结算政策落地

全球化和信息技术的快速发展,为整体性治理理论的产生提供了可能性。该理论的概念要素与重要基础是协调与整合,它将部门内与部门间的运行看作整体,强调扭转管理分散、碎片化的局面来实现整合。整体性治理在科层制组织中运用信息技术手段搭建传统上下级结构的纵向权力线,使用各种网络构造新型横向行动线,能很好地适应新时代提出的新要求[2]。在推进长三角跨省异地就医门诊费用直接结算试点过程中,三省一市实施政策试点,注重与国家异地就医相关政策相衔接,逐步完善医保异地就医门诊费用直接结算的政策口径和经办流程。初期,三省一市按照"一体化、齐步走,有条件、可增加"原则,选择基础管理相对较好、医保门诊报销模式相对接近的统筹地区参与首批试点,经过共同协商,确定了"1(上海)+8(江苏省南通、盐城、徐州,浙江省省本级、嘉兴、宁波,安徽省滁州、马鞍山)"为首批试点地区,充分体现了整体性治理理论中的搭建上下级结构的纵向权力线,构造新型横向行动线,更好地对试点经验进行推广。

各个试点地区有针对性地选择了一批代表性的试点医疗机构。例如上海市按照"少量起步、逐步扩大"和分级诊疗原则,于2018年9月采用"15+2"模式确定试点医院范围,即15家三级医院和金山区、松江

---

① 长三角地区异地就医门诊直接结算一周年总结会在皖召开[EB/OL].(2019-09-29)[2019-09-29].http://ybj.jiangsu.gov.cn/art/2019/9/29/art_71561_8724996.html.
② 竺乾威.从新公共管理到整体性治理[J].中国行政管理,2008(10):52-58.

图4-2　江苏省人民医院异地医保专窗

区两区的社区卫生服务中心[1]。如江苏省则选择综合实力最强、异地就医人数最多的公立医院——江苏省人民医院作为长三角异地就医门诊费用直接结算的试点医院，并设立了异地医保专窗（见图4-2）。以此为基础，长三角三省一市医保局及相关部门开会统筹、改造系统、优化流程，使得异地门诊费用直接结算首批试点工作顺利推进，试点范围逐步扩大。

同时，充分利用长三角生态绿色一体化发展示范区"先行先试"的优势，进行门诊费用跨省直接结算的深化改革试点。示范区内上海青浦、江苏吴江、浙江嘉善三地医保部门，在现行长三角异地门诊费用结算成熟经验与丰硕成果的基础上，以"更便利、更协同、更安全"为目标，开展了更进一步的试点工作，全力推动示范区医保实现"五件事"，具体包括：区域就医免备案、经办服务一站式、慢病特病结算通、网上医保在线付、异地审核协同化。

2019年8月20日18时，青浦、嘉善两地的门急诊免备案就医结算系统正式上线。常年在青浦工作的赵女士，在嘉善县第一人民医院成功使用上海的医保卡完成异地免备案门诊刷卡。而在上海的复旦大学附属中山医院青浦分院，嘉善人杨阿姨也幸运地完成了青浦"第一刷"。杨阿姨说自己退休后跟女儿一起生活在青浦，医保也都用嘉善的

① 异地医保门诊结算试点增至17个统筹区［EB/OL］.（2019-04-18）［2022-07-18］.https://www.thepaper.cn/newsDetail_forward_3314733.

卡，"我有高血压，每个月要跑医院好几趟，以前在青浦看病需要到当地先备案，跑来跑去有些麻烦，现在可以直接刷卡，非常方便"①。2019年8月24日，长三角一体化示范区医保一卡通2.0版在示范区内率先推广使用。青浦、嘉善、吴江三地共同宣布实现异地就医免备案直接刷卡结算。当日，从吴江赶往复旦大学附属中山医院青浦分院就诊的患者朱女士，也成为首个受益者②。

医保一卡通2.0版在长三角示范区率先开通，青浦、嘉善、吴江三地率先实现异地门诊就医免备案，就医地待遇与参保地待遇保持一致。三地已有85家医保定点医疗机构接入门急诊联网结算系统，覆盖参保人

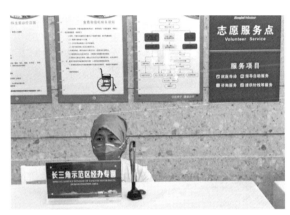

图4-3 长三角示范区经办专窗

230.93万人。在示范区的先行先试下，长三角地区内越来越多的城市加入了"医保同城"③。2020年9月底，"嘉青昆太"在嘉定区召开了医疗保障一体化工作研讨会，进一步推动嘉定区、青浦区、昆山市、太仓市四地医疗保障工作一体化，融入长三角一体化发展国家战略④。

（四）基于制度规范，持续优化简化门诊结算方案

长三角三省一市在结算方案与备案流程上持续优化、简化，逐步实

---

① 上海青浦、浙江嘉善两地医保一体化免备案就医结算系统正式上线运行［EB/OL］.（2020-08-21）［2022 07-18］.https://www.shqp.gov.cn/shqp/qpyw/20200821/673214.html.

② 示范区青浦、嘉善、吴江三地率先实现医保一卡通2.0版［EB/OL］.（2020-08-24）［2022-07-18］.https://baijiahao.baidu.com/s?id=1675907371834438162&wfr=spider&for=pc.

③ 示范区医保一体化建设扎实有力推进［EB/OL］.（2020-09-04）［2022-07-18］.https://www.shqp.gov.cn/ybj/gzdt/20200904/793618.html.

④ "嘉青昆太"医疗保障一体化工作研讨会在曋召开［EB/OL］.（2020-09-28）［2022-07-18］.http://www.jiading.gov.cn/yibao/ybdt/content_683020.

现备案手段便利化、费用结算便利化，切实提高了人民群众的满意度。

在优化结算方案方面，一是拓展结算范围。起步阶段只开放个人账户和一般门诊统筹，暂未纳入"门诊特殊病""门诊慢性病""门诊大病"等。目前，青嘉吴示范区已着手开展"尿毒症血透腹透"等门特门慢病种的异地就医门诊费用结算试点工作。二是优化待遇规则。异地就医人员直接结算的门诊费用执行就医地的支付范围及有关规定，医保基金的起付标准、支付比例、最高支付限额等执行参保地政策，以更好地保障异地就医人员门诊费用结算的医保待遇。三是扩大人群范围。三省一市医保部门明确服务对象范围和待遇政策，在将异地安置退休人员、异地长期居住人员、常驻异地工作人员、异地转诊人员等四类人员优先纳入试点范围的基础上，还重点结合外出农民工和外来就业创业人员两类人员的工作特点和就医需求，精简并拓展了其备案与转诊服务的手续与渠道。

在简化备案流程方面，一是利用互联网支持医保免备案异地结算。2019年5月22日，包括"异地就医备案"在内的2项医保服务事项，纳入长三角政务服务"一网通办"首批开通事项，长三角居民办理异地就医登记备案只需提交网上申请，医保经办系统自动校验，无须提交纸质材料，不用来回奔波，符合条件的即时办理完成。二是通过医保一体化示范区建设实现免备案。上海青浦、浙江嘉善、江苏苏州吴江的参保人在门（急）诊看病时，不再需要先回参保地的医保部门办理就医关系转移，而是可以直接持卡结算。在门（急）诊诊疗后需要住院的参

图4-4　长三角示范区医保一体化免备案就医试点正式开通

保人,可以在医生或其他相关人员的指导下完成自主备案。三是减少不必要的文件材料。如江苏省异地就医经办除必需材料外,取消其他需参保人员提供的就医地医疗机构证明手续和不必要的证明材料。

典型案例

随着长三角一体化的深入推进,三地医保免备案异地结算业已实现。2020年10月28日,浙江西塘的赵女士就享受到了医保免备案异地结算带来的便捷。

"你好,有什么需要帮助的吗?""医生好,我之前得了反流性食管炎,病一直在看,我还想再配点药。"10月28日上午,在嘉善县第二人民医院的远程会诊室内,来自西塘的赵女士使用手机,完成了一次与朱家角人民医院医生的远程会诊,并用医保卡进行异地在线结算。她也成为嘉善县首个通过医保异地在线结算方式就医的市民。

赵女士告诉记者,此前她去过朱家角人民医院就诊,由于反流性食管炎反复性较强,接下来仍需用药,但现在药已经吃完。如果直接去医院挂号,耗时过长。听说朱家角人民医院是"互联网医院",不仅能远程会诊,还可以使用医保在线结算,她便来试试。"首先通过'健康云'平台挂号,时间到了就直接进入医生的诊室,他会发起视频邀请,然后就可以和医生视频对话了。"赵女士拿着手机,向记者展示远程会诊的全过程。

在手机上轻轻点几下,原本半天才能完成的会诊,现在十几分钟就搞定了。拿到医生开具的电子处方后,赵女士填写了收货地址,并用医保卡进行了付款。很快,药品将通过快递的形式寄到赵女士手中。

资料来源:《一体化红利!长三角互联网医院实现医保异地在线结算》,载2020年10月29日浙江新闻。

第五章

初见成效

从 2018 年 9 月长三角三省一市在全国率先启动门诊费用跨省直接结算的区域试点至今，经过"1+8""1+17"与长三角 41 市全覆盖的多阶段范围拓展，长三角门诊费用跨省直接结算工作已实现市级统筹区与医疗机构两个层面的"全覆盖"。然而，试点政策推行后，实施效果究竟如何？是否会导致患者就医集聚的"虹吸效应"？还存在哪些障碍需要解决？以上这些问题还需要进一步分析与解答。为了科学精准地回答这些问题，接下来将基于 2018 年 9 月—2020 年 9 月长三角异地就医费用跨省直接结算的相关数据以及长三角 41 个城市的民众问卷调查结果进行多角度的初步评估。

一、资料来源与统计方法

（一）资料来源

1. 专家访谈

本研究在实施过程中，组织了来自长三角医保部门、经办机构、医疗机构、高等院校、研究机构及行业协会等医疗保障领域的理论与实践专家，通过意向论证、头脑风暴、焦点组访谈、德尔菲法、定性访谈等方式，围绕门诊费用跨省直接结算长三角试点的多个方面进行咨询和论证，在深入调研试点情况和问题的同时，确保研究思路、框架、过程和结论科学合理。

2. 问卷调查

研究团队按照既定的城市、年龄、性别比例，对长三角 41 市的民众进行分层抽样，于 2021 年 5 月发放《长三角异地就医结算报销情况调查问卷》，共回收 15 490 份，剔除废卷 1 109 份，获得有效样本 14 381 份。有效样本中的基本信息描述性统计分析如表 5-1 所示。

表5-1　民众基本信息描述性统计

项目	指　标	比例/%	项目	指　标	比例/%
性别	男	51.95	所在地区	安徽省	25.96
	女	48.05		江苏省	25.02
年龄分布	15～29岁	23.16		浙江省	25.89
	30～49岁	42.86		上海市	23.13
	50～64岁	22.50	健康状况	非常健康	13.79
	65岁以上	11.48		比较健康	51.62
婚姻状况	未婚	20.90		一般	26.96
	已婚	75.45		不太健康	7.37
	离异	1.34		非常不健康	0.26
	丧偶	2.26	月收入	2 000元及以下	35.25
文化程度	初中以下	12.58		2 001～5 000元	31.23
	高中/技校/中专	27.33		5 001～10 000元	18.31
	大学专科	33.10		10 001～20 000元	13.05
	大学本科及以上	26.99		20 001元以上	2.16

3. 机构统计数据

异地门诊就医及医保结算数据的来源如表5-2所示，具体包括：由上海市（市本级以及静安区、浦东新区、嘉定区）、苏州市、嘉兴市、湖州市医保中心以及上海市华山医院、仁济医院、瑞金医院、肿瘤医院、中山医院五家综合医院提供的月度统计数据。

表5-2　异地门诊就医及医保结算机构数据的来源

类　型	统计数据来源
省、直辖市	上海市医保中心
地级市	苏州市医保中心
	嘉兴市医保中心
	湖州市医保中心
市辖区	上海市静安区医保中心
	上海市浦东新区医保中心
	上海市嘉定区医保中心

续　表

类　型	统计数据来源
市级医疗机构	复旦大学附属华山医院 上海交通大学医学院附属仁济医院 上海交通大学医学院附属瑞金医院 复旦大学附属中山医院 复旦大学附属肿瘤医院

（二）统计方法

在统计方法上，对就医的基本信息进行描述性分析和相关性分析，同时根据本书所需要验证的研究假设和研究所设计的变量类型，选用了间断时间序列分析（interrupted time series analysis，ITSA）来对就医人次数据进行分析。

相关性分析主要是对三省各城市到上海门诊就医人数与至上海的距离这两个变量进行皮尔森相关性分析。相关系数取值在−1与1之间，正值代表正相关，负值代表负相关；皮尔森相关系数绝对值越大，则表明相关性越强。

ITSA是一种准实验设计，主要运用于卫生政策实证研究。通过政策实施前后的对比分析，无须过多地考虑数据特点。常规认为，为保证统计结果稳健、有效，干预前应至少有6个时间点不同的推荐参考值[①]。本研究选取政策实施前8个月以及政策实施后16个月的时间点数据。为了更好地控制干预前的混杂，研究设计为2组ITSA，研究变量仅包括患者来源、月份和月度患者门诊就医人次。门诊就医人次为计数资料，并按照自然月份进行列示，患者来源分为上海本地门诊就医组和外地门诊就医组2组。本书将根据间断时间序列分析数据的处理要求对因变量和自变量进行相应的转换，具体回归模型如下：

---

① HUITEMA B E. Simple interrupted time-series designs [M]//The Analysis of Covariance and Alternatives. John Wiley & Sons, Inc, 2011: 365-402.

$$Y_t = \beta_0 + \beta_1 T_t + \beta_2 X_t + \beta_3 X_t T_t + e$$

二、长三角异地门诊直接结算试点取得的总体进展

目前,长三角地区异地就医门诊费用试点工作已开展两年有余。在长三角三省一市各级政府、相关部门与机构的协同努力下,短短两年时间试点工作取得了令人瞩目的成绩。分析结果显示,异地门诊直接结算覆盖范围不断扩展,受益人数显著增加,民众的获得感切实增强,在持续推动本区域医疗资源优化配置的同时,为其他地区提供了可借鉴的成功经验,受到了国家领导及广大人民群众的高度认可。

（一）城市机构全面覆盖

长三角异地门诊费用直接结算试点一经实施,便得到各方的大力支持。经过"1+8""1+17"与长三角41市全覆盖的三阶段范围拓展,目前长三角异地门诊费用直接结算工作已实现市级统筹区与医疗机构两个层面的"全覆盖"。

截至2020年5月,异地门诊费用直接结算已覆盖长三角41个市级统筹区和5 600余家医疗机构,三省一市居民在41个城市的主要医疗机构门诊就诊或住院,均可持卡就医、实时结算。

（二）受益人数显著增加

自试点工作启动以来,长三角地区享受异地门诊费用直接结算的人数不断增加。截至2020年9月底,三省一市异地门诊累计结算超过147万人次,涉及医疗总费用近4亿元。

以就医地为上海的结算为例。上海市医保经办机构的数据显示（见图5-1和图5-2）,异地至上海门诊结算的人数呈迅猛增长态势。长三角异地门诊直接结算试点的第一年（2018年9月至2019年9月）,异地至上海门诊直接结算的人数为6.5万;第二年（2019年10月至2020年9月）达到37.5万,是第一年的近5.8倍,平均每季度增长87.2%。上海至异地门诊结算的人数同样呈现迅猛增长的趋势,2018年

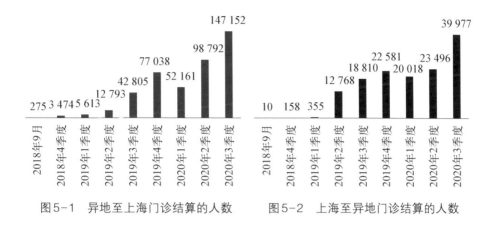

图5-1 异地至上海门诊结算的人数　　　　图5-2 上海至异地门诊结算的人数

第四季度仅158人,到2020年第三季度已上升至39 977人。

(三) 便利程度切实提高

异地就医门诊直接结算的便利程度,直接关系群众的获得感和幸福感。长三角三省一市充分坚持需求导向,从与群众关系最紧密、发生最高频的医保经办事项做起,充分运用互联网、大数据、云计算等信息技术,着力推进"备案手段便利化""费用结算便利化",不断提升异地服务的便利性,提高群众的满意度。

异地就医备案便利化在长三角已有诸多举措。目前异地就医备案已纳入长三角政务服务"一网通办"首批开通事项,长三角居民办理异地就医登记备案只需提交网上申请,医保经办系统自动校验,无须提交纸质材料,申请人不用来回奔波,符合条件的即时办结。如浙江省开辟了群众办理长三角异地门诊直接结算备案便捷通道,即在参保地办理备案,参保人可以在当地经办机构现场办理或通过浙江政务服务网、"浙里办"App网上办理(异地转诊人员可在二级医疗机构直接办理),选择要去就医的城市。成功备案后,带上统一的社会保障卡在长三角地区的异地就医门诊定点机构就医,即可进行门诊费用直接结算。江苏省各设区市全面推广微信微业务、政府网站、手机App或基层平台自助一体机等备案渠道,所有统筹区现在都至少开通一种线上快速办理途径①。安徽省16个市全面实行长三角异地就医备案政务服务"一网通办"，实现群众办事"不见面办""网上办"。而青嘉吴示范区更是在便利备案的基础上做了更深入的探索，实施了门诊免备案直接刷卡结算的试点。

在医保费用结算便利化方面，长三角初步实现了医保结算"一卡通"，这让长三角地区异地就医更加便利。对上海而言，一方面，部分满足了长三角地区群众共享上海优质医疗资源的需求，进一步打响了"上海服务"的品牌；另一方面，也为上海市在周边地区有异地居住、养老等需求的参保人员提供了就医配药的便利。例如，南京梅山有2万左右的上海参保人，他们的就医一直是采用"先垫付后报销"的方式，虽然上海医保经办部门采用了各种便民方法，如在梅山设立医保服务点，参保人可就近报销。但是，老百姓看病需要先垫付现金，然后报销需要排队，报销还要审核等各类步骤，仍很不方便。长三角异地门诊直接结算实施后，极大地方便了这些参保人。

长三角地区异地就医门诊直接结算未开通之前，在异地医院看病医保报销很麻烦，参保人不仅要先垫资，还要带着病历卡、医保卡、发票和费用明细回到参保地办理。一系列的手续下来，大概要12个工作日才能彻底办结。长三角地区人口流动性强，参保地与居住地、就业地分离的现象非常普遍，面临异地医保报销难题的群众不在少数，他们都期待无论在参保地还是常住地都能便捷地看病、报销。随着跨省异地就医门诊费用直接结算工作的不断推进，民众在享受基本医疗服务的同时，切身利益更得到有效保障，民众的获得感和幸福感也进一步增强。

---

① 今年上半年，江苏、浙江将实现所有地区住院、门诊费用直接结算［EB/OL］.（2020-05-06）［2022-07-18］.https://baijiahao.baidu.com/s?id=1665928504060331978&wfr=spider&for=pc.

典型案例

董阿姨是浙江的一位退休公务员，在浙江参保，退休后长期在上海居住。她患有糖尿病、高血压等慢性病，需要定期服药。过去在上海医院看门诊配药是个麻烦事，需要全部自费垫付，保存好每一张单据，定期回浙江报销，不仅路上要来回折腾，碰到报销人多时，需要排队等很长时间。2020年3月19日，董阿姨在上海市普陀区中心医院进行门诊刷卡就医，几秒钟的时间，1 081.42元门诊费用就直接结算完毕。长三角跨省异地就医门诊费用直接结算实行后，董阿姨只需要在浙江当地办好异地就医相关手续登记备案后，就可以拿着浙江的医保卡在上海的医疗机构直接刷卡结算，为了医疗费报销两地往返跑的历史结束了。

"由于地域相近、人文相亲，长三角地区异地就医行为发生频繁，上海市一直积极探索民生领域医保门诊联网结报，在跨省异地就医住院费用直接结算的基础之上，今年又进一步推进了跨省异地就医门诊费用直接结算。如果你在长三角地区，手中一张小小的医保卡，就能轻松帮你实现门诊异地直接刷卡结算。"上海市医保局相关负责人表示。

资料来源：41个城市全覆盖 累计结算超百万人次 长三角医保一体化按下"快进键"［EB/OL］.（2020-06-23）［2022-07-15］.https://baijiahao.baidu.com/s?id=1670295237198277684&wfr=spider&for=pc.

（四）医疗资源配置优化

长三角异地就医门诊费用直接结算的不断推广，一定程度上增强了不同区域医疗机构的资源竞争，从而倒逼落后地区医疗机构的发展，促进区域人口和资源的合理布局。

一方面，长三角异地就医门诊费用直接结算使越来越多的民众选择去上海或者其他医疗资源更好的地方就医，人口自由流动，民众就医选择的机会也更加多样化。这会导致落后地区医保经费的流失，倒逼其提升医疗机构的服务质量，从而把更多的患者留在当地治疗。习近平总书记2021年在福建三明考察时就强调，"十四五"期间要继续深化医药卫生体制改革，"做到大病不出省，一般病在市县解决，日常疾病在基层解决"①。习近平总书记的要求，无疑也为长三角区域医疗卫生事业的发展指明了方向。对于三省一市医保及患者流失较多的地区而言，需更加注重城乡间医疗资源有效合理的互动体系的构建，其中包含三甲医院内的工作人员到低级别的医疗机构中发挥帮扶与带动作用，基层或低级别医疗机构内的医务工作者到高水平医院进修学习，通过人才的交流，增强区域之间高水平医院与地方医院的联系与合作，充分利用人才，发挥人才的潜能和作用，进而优化区域医疗资源布局，助力地方医疗机构的有序蓬勃发展。

另一方面，上海市的优质医疗资源会吸引越来越多的长三角不同地区民众前来就医，特别是一些疑难杂症的刚性就医需求，民众不仅可以自由选择医疗机构，还可以享受更优质的医疗资源和服务。对于大医院来说，三省一市间患者的互相转诊使其有更多机会收治疑难杂症，进而增强其医疗实力。有研究指出，50.0%以上的异地来沪医保患者来自浙江和江苏，说明地理可及性是影响跨省异地就医的重要因素；此外，异地来沪患者中有47.5%为恶性肿瘤患者，表明异地医保患者多为疑难重症病例，在参保地难以得到及时可靠的救治，就近来沪就医②。

可以说，长三角医保"一卡通"既便利了异地患者的就医，也会推进不同层级医疗机构的优化，使得人才和资源在不同区域合理流动，推

① 人民健康.总书记一直高度重视［EB/OL］.（2021-03-29）［2022-07-15］.http://www.qstheory.cn/laigao/ycjx/2021-03/29/c_1127266281.htm.

② 姜立文,刘晨红,姜桦,等.跨省异地医保直接结算现状分析：基于上海某三甲医院数据［J］.中国初级卫生保健,2019,33（5）：23-25.

动区域医疗卫生服务水平和质量协调发展。

三、试点前后异地门诊就医与结算的变化情况分析

（一）推行顺利，政策惠及越来越多参保人

1. 直接结算量不断增加

1）异地门诊直接结算人数、人次与费用显著增加

以苏浙皖患者至上海门诊直接结算为例，自2018年9月试点以来，如图5-3、图5-4所示，苏浙皖至上海门诊直接结算的月度结算人数、人次与费用均呈现显著上升的趋势。受新冠疫情的影响，2020年第一季度异地门诊直接结算的就医人数与人次均呈现"V"字形。为排除疫情因素对就医数据的影响，笔者对数据进行线性拟合，如图5-3和图5-4虚线所示。截至2020年9月，苏浙皖民众至上海门诊直接结算的人数累计已达44万人，人次数达147.5万，结算费用达3.1亿元。

上海至苏浙皖的门诊直接结算量也呈现同样的上升趋势，如图5-5、图5-6所示。自2018年9月至2020年9月，上海民众至苏浙皖门诊直接结算人数达13.8万人，人次数达50.6万，结算费用达8 610万元。

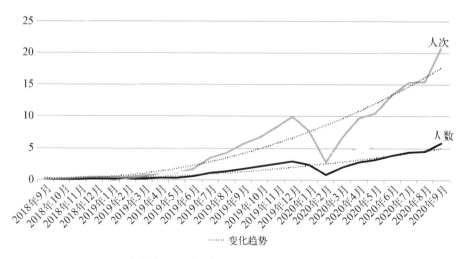

图5-3 苏浙皖至上海：每月门诊直接结算人数、人次（万）

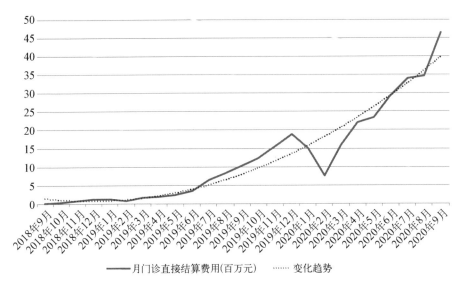

图5-4 苏浙皖至上海：每月门诊直接结算费用（百万元）

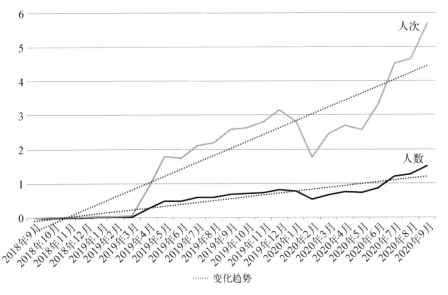

图5-5 上海至苏浙皖：每月门诊直接结算人数、人次（万）

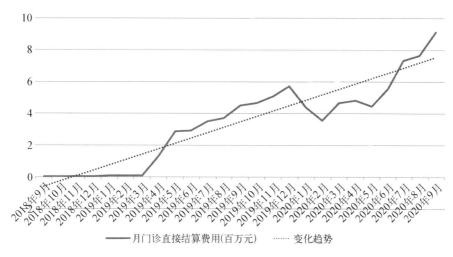

图5-6　上海至苏浙皖：每月门诊直接结算费用（百万元）

政策推行以来，试点城市经历了3次扩围①，从原先的"1+8"逐步发展到三省一市全覆盖。用城市数量对结算人数进行标化，结果依旧显示了明显的增长趋势。如图5-7所示，从苏浙皖民众至上海门诊直接结算的人数除当期开通长三角异地门诊费用直接结算通道的城市数量可以发现，从探索期至互通期，试点覆盖城市的门诊直接结算平均人数同样呈明显上升趋势（见图5-7）。从探索期、扩围Ⅰ期、扩围Ⅱ期至互通期，城市标化后每个时期门诊直接结算的月平均人数分别为191人、209人、453人和782人（见图5-8）。以上结果表明，随着政策的顺利推行，既扩大了政策覆盖区域，每个区域的政策惠及人数也在持续增加。

---

① 从长三角门诊结算试点开展的时间线来看，有几个重要时间节点：2018年9月首批试点开通；2019年4月新增9个统筹区；2019年6月，新增11个统筹区，江苏、浙江两省实现全覆盖；2019年9月，安徽最后13个统筹区进入试点，三省一市实现全覆盖；在此基础上，2020年9月，苏浙皖三省之间陆续实现互通。基于这几个时间节点，可以把直接结算工作分成不同阶段：2018年1月至2018年8月为试点前；2018年9月至2019年3月为探索期；2019年4月至2019年5月为扩围Ⅰ期；2019年6月至2019年9月为扩围Ⅱ期；2019年10月至2020年9月为全覆盖及互通期（后续简称"互通期"）。

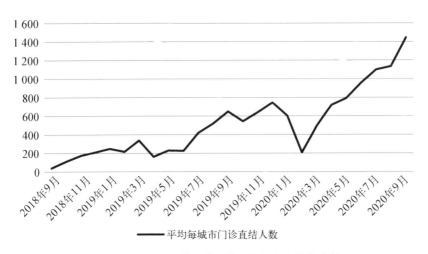

图5-7　门诊直接结算人数（按城市标化）的变化情况

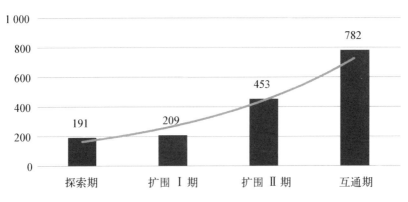

图5-8　不同试点阶段的月均门诊直结人数（按城市数量标化）

2）异地住院直结量也呈上升趋势

苏浙皖民众至上海住院直接结算人数、人次及结算费用亦呈现稳定上升趋势（见图5-9和图5-10），2020年9月直结人次已达41 915，相比2018年1月的6 329人次，增长了562.3%。

上海民众至苏浙皖住院直接结算人数、人次也呈现上升趋势，但上升速度相对较缓（见图5-11），2018年1月至2020年9月，直结人次从1 291人次提升至2 181人次，增长了68.9%。

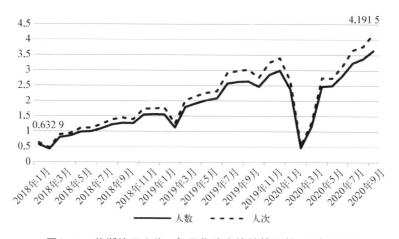

图5-9　苏浙皖至上海：每月住院直接结算人数、人次（万）

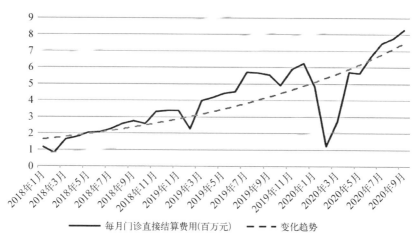

图5-10　苏浙皖至上海：每月住院直接结算费用（亿元）

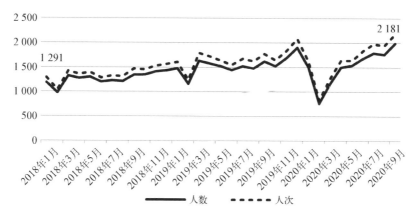

图5-11　上海至苏浙皖：每月住院直接结算人数、人次

2. 零星报销占比持续下降

以上海至苏浙皖异地就医为例。从2018年10月至2020年9月，上海至苏浙皖异地门诊的零星报销比例从99.9%降低至55.5%；异地住院的零星报销比例从73.5%下降至56.6%（见图5-12和图5-13）。结果表明，越来越多的异地就医患者享受到了就医地的便利结算，以往异地就医"结算烦"的问题得到了明显缓解。

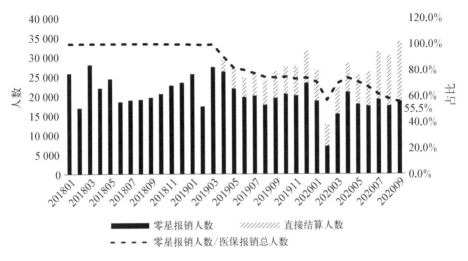

图5-12　上海至苏浙皖异地门诊报销情况分析

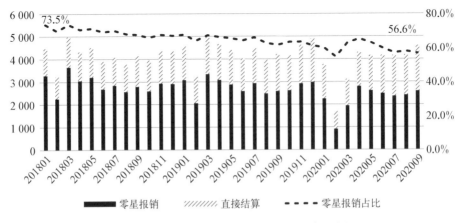

图5-13　上海至苏浙皖异地住院报销情况分析

苏浙皖至上海异地就医也呈现了同样的趋势。以嘉兴[①]至上海异地就医为例。如图5-14所示，自2019年4月至2020年9月，嘉兴至上海异地就医零星报销比例显著下降，自80%下降至32%。以年度为单位进行分析（见表5-3），自2018年至2020年，零星报销占比从98%下降到44%。

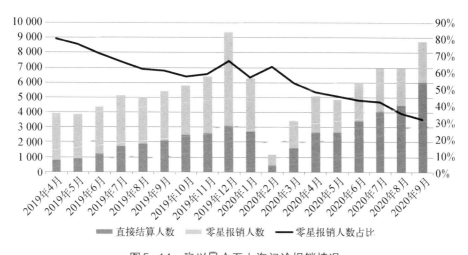

图5-14 嘉兴民众至上海门诊报销情况

表5-3 嘉兴至上海门诊就医直接结算与零星报销人数的年度分析

结算类型	2018年		2019年		2020年	
	人数/万人	占比/%	人数/万人	占比/%	人数/万人	占比/%
直接结算	0.12	2	1.89	31	2.80	56
零星报销	3.54	98	4.24	69	2.17	44
总计	3.66	100	6.13	100	4.97	100

———————

① 嘉兴市为长三角地区异地就医门诊费用直接结算的首批试点城市，其与上海的交通联通便捷（嘉兴至上海的高铁时长在半小时内），至上海门诊就医的人数在三省中相对其他城市人数较多。此处以嘉兴患者至上海门诊就医为例，大致可以反映苏浙皖至上海异地就医的零星报销变化情况。

（二）患者受益，精准满足参保人分层需求

1. 异地住院直接结算重点解决疑难杂症的刚性就医需求

1）备案类型：以"异地转诊人员"为主

以苏浙皖至上海为例。数据显示，2018年1月—2020年9月，苏浙皖至上海异地住院的患者共备案64.9万人次，其中异地转诊人员备案53.5万人次，占比超八成（82.4%），如图5-15所示。如图5-16所示，相对于其他人群，异地转诊人员占比较高且增长显著。

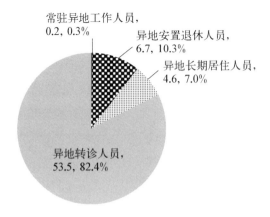

图5-15　苏浙皖至上海住院就医四类人员分布情况（万人次）

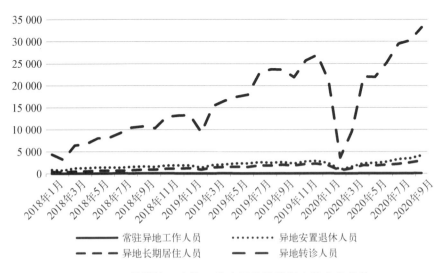

图5-16　苏浙皖至上海四类人员住院就医人数变化趋势

2）就医去向：追求优质资源，偏好解决疑难杂症的重点医院

（1）优质医疗资源受到更多青睐。以苏州市至上海异地就医直接结算为例，分析长三角至上海异地就医跨省直结患者的就医去向。分析结果如图5-17所示，2018年1月至2020年9月，苏州市共有11 936人在上海市住院就医并使用医保卡直接结算，分布在181个医疗机构中。在这些患者中，有85.36%的患者选择了上海的三级甲等医院（45个），有68%的患者选择了上海的全国百强医院（18个）[①]。

从具体的医疗机构来看，如表5-4所示，按照住院直结人数进行排序，前五位分别为：中山医院（占比为9.4%）、华山医院（占比为6.6%）、瑞金医院（占比为6.3%）、仁济医院（占比为5.9%）、肿瘤医院

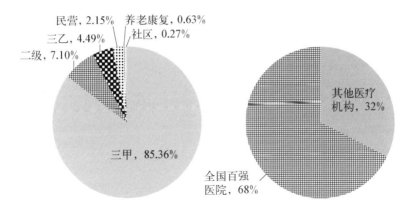

图5-17 苏州至上海跨省住院直结去向分析

表5-4 苏州至上海跨省住院直结目标医院排序

序位	医疗机构名称	占比/%
1	中山医院	9.4
2	华山医院	6.6
3	瑞金医院	6.3
4	仁济医院	5.9
5	肿瘤医院	5.4

① 根据复旦大学《2019年度中国医院排行榜》，上海共有18家医院获评进入全国百强。

（占比为5.4%）。综合来看，选择这5家医院的患者占苏州至上海住院
直结总人数的1/3（33.7%）。

（2）更加偏好解决疑难杂症的重点医院。进一步将异地住院与本
地住院进行分层比较，结果显示2018年1月至2020年9月，在中山医
院、瑞金医院、仁济医院、肿瘤医院4个医院中，上海本地住院直结患者
的分布比例为：中山医院占31%，仁济医院占37%，瑞金医院占23%，肿
瘤医院仅占9%（见图5-18）；而苏浙皖住院直结患者去肿瘤医院的占
比达到27%，去中山医院的更是高达48%，可以看出苏浙皖住院患者对
中山医院及肿瘤医院有更强的偏好性（见图5-19）。

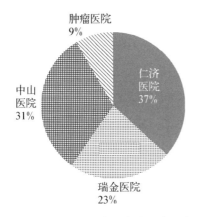

图5-18　上海本地患者在四家三级
医院住院结算比例

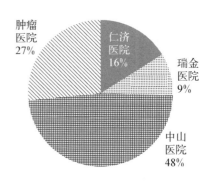

图5-19　苏浙皖患者在四家三级医
院住院结算比例

已知目前我国疾病死亡原因中，排名前五的分别是恶性肿瘤
（25.7%）、心血管疾病（23.6%）、脑血管疾病（20.6%）、呼吸系统疾病
（10.4%）和损伤中毒等外部原因（5.7%）。根据复旦大学《2019年度
中国医院排行榜》的专科排名，中山医院的心内科（全国第二）、心外科
（全国第三）、呼吸科（全国第四）排名靠前；肿瘤医院的肿瘤科（全国
第二）排名靠前①。结合4个医院异地住院结算的占比分析可知，苏浙

---

① 刚刚，复旦版《2019年度中国医院排行榜》公布［EB/OL］.（2020-11-14）［2022-07-15］.
https://baijiahao.baidu.com/s?id=1683315901254124662&wfr=spider&for=pc.

皖异地住院结算主要为解决肿瘤、心脑血管疾病、呼吸系统疾病等疑难杂症。这一结论与全国的监测结果基本一致。《2019年度全国三级公立医院绩效考核国家监测分析有关情况的通报》[①]指出,跨省住院的主要疾病为恶性肿瘤化疗、肺炎、脑梗死、支气管和肺恶性肿瘤、心绞痛、恶性肿瘤治疗后的随诊检查、慢性缺血性心脏病等。

3)住院费用:略高于就医地,更加聚焦解决疑难杂症

进一步分析中山、瑞金、仁济与肿瘤医院4家重点医院患者的就医费用。如图5-20所示,苏浙皖至上海住院的患者直接结算人均费用分别为25 286元(江苏)、27 529元(浙江)、24 894元(安徽),而上海本地住院患者人均费用为22 767元。从结算费用的分析结果可以看出,苏浙皖患者至上海异地住院直结费用略高于上海本地患者的平均住院费用,这表明异地就医要解决的问题须更高的花费,这进一步佐证了异地住院主要是解决疑难杂症。

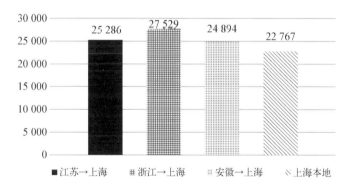

图5-20　2018年1月—2020年9月四家重点医院人均住院直结费用比较
资料来源:中山医院、瑞金医院、仁济医院、肿瘤医院。

2. 异地门诊直接结算主要解决两类迫切需求

1)解决患者异地住院的前置门诊需求

(1)门诊患者中仍有相当一部分为异地转诊人员。以苏浙皖至上

① 国家卫生健康委办公厅关于2019年度全国三级公立医院绩效考核国家监测分析有关情况的通报[EB/OL].(2021-03-31)[2021-06-18].http://www.gov.cn/xinwen/2021-03/31/content_5597121.htm.

海门诊就医为例,如图5-21所示,至上海门诊就医直接结算的三省民众中,有接近一半备案为异地转诊人员(66.7万人次,占比为47.7%)。

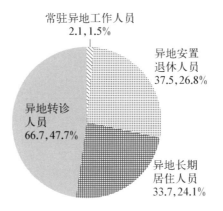

图5-21　三省至上海门诊就医备案人员类型(万人次)

（2）重点医院的异地门诊与住院直结保持同速率增长。复旦大学附属肿瘤医院是苏浙皖至上海患者就医的重点医院。以肿瘤医院为案例,分析门诊费用跨省直接结算政策实施后,苏浙皖至上海的门诊和住院就医的变化情况。从图5-22、图5-23可以明显看出,门诊直结人数在互通期增长迅速,截至2020年9月已逐步追上住院直结人数;同时,自2020年2月以来,门诊直结人数与住院直结人数呈现出明显同步增

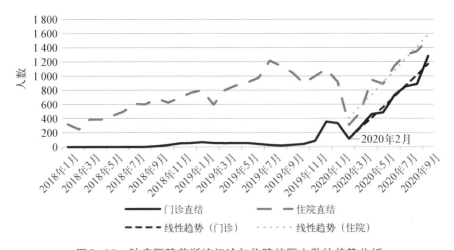

图5-22　肿瘤医院苏浙皖门诊与住院就医人数的趋势分析

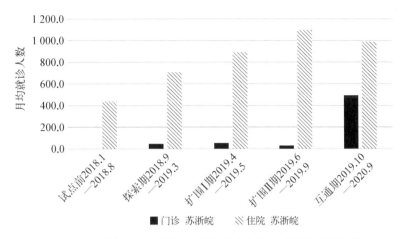

图5-23　肿瘤医院苏浙皖门诊与住院就医人数的分阶段比较

长的趋势,月均增长人数分别为161.7人(门诊)与172.7人(住院);皮尔森相关性分析显示二者具有明显的相关性,相关系数达到0.961(P＜0.001)。分析结果显示,门诊费用跨省直接结算试点工作的推进,实现了异地住院的全流程结算,较好地解决了跨省住院患者的住院前置门诊结算需求,患者不再需要为住院前的流程规定性门诊费用特意回参保地零星报销。

2)解决长期异地工作居住的日常需求

(1)从备案类型来看,长三角异地门诊直结主要以长期异地居住与安置人员为主。备案数据显示,在苏浙皖至上海门诊就医直接结算的三省民众中,异地安置人员和异地长期居住人员共71.1万人次,占比超过一半(50.9%),如图5-24所示;此外,对2018年9—12月和2019年9—12月就医人次进行比较发现,相比于其他人群,异地安置退休人员的增长率最高(73.2%),如图5-24所示。而上海至苏浙皖异地就医,备案类型同样以异地安置退休人员(42.20%)、异地长期居住人员(31.90%)和常驻异地工作人员(25.70%)居多,异地转诊人员仅占0.20%,如图5-25所示。

(2)从门诊费用来看,异地门诊费用低于就医地平均水平。如图5-26所示,2018年9月至2020年9月,上海患者至苏浙皖门诊的次均

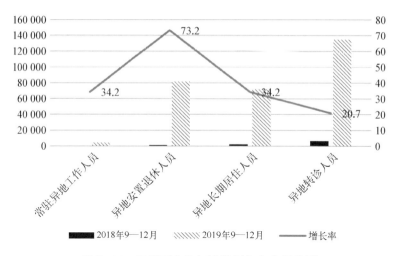

图5-24　三省至上海门诊就医备案人员类型

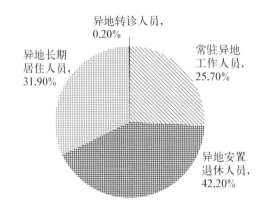

图5-25　上海至苏浙皖门诊直结人员的备案分布情况

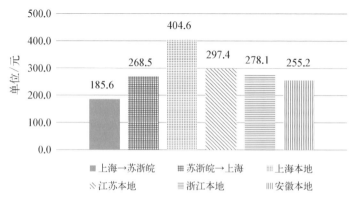

图5-26　2018年9月—2020年9月长三角异地门诊直结次均费用比较

直结费用为185.6元,低于上海本地门诊次均费用(404.6元),同时也低于江苏(297.4元)、浙江(278.1元)与安徽(255.2元)的门诊次均费用;而苏浙皖至上海的门诊次均费用(268.5元)低于上海本地门诊次均费用,与参保地门诊次均费用基本持平[①]。

以上结果显示,长三角门诊直结重点解决了长期异地居住人员的日常配药等必要但花费较低的门诊需求。直结政策的推行,使患者在享受医保结算便利化的同时,还享受到了与就医地同价甚至更低价的门诊服务。

3. 门诊费用跨省直结实现三省一市互惠互利

如图5-27所示,截至2020年9月,苏浙皖至上海门诊直结人次与上海至苏浙皖门诊直结人次的比值为3.65,远低于同期住院直结的人次比(19.22)。同时,与住院直结人次比值逐步上升的趋势不同,门诊直结的人次比值呈现明显下降的趋势。

结果表明,长三角异地住院跨省结算主要是满足了苏浙皖民众至上海住院就医的需求(占双向总人次的95%),上海至苏浙皖住院就医

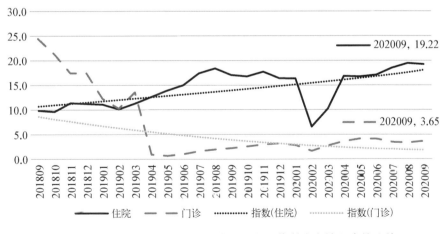

图5-27　苏浙皖→上海直结人次与上海→苏浙皖直结人次的比值

---

① 苏浙皖本地次均门诊费用来源于《中国卫生健康统计年鉴(2020)》。

的需求量相对较低（占双向总人次的5%），且需求差距在逐步扩大（比值不断上升）。而门诊跨省结算在满足苏浙皖至上海门诊就医需求（占双向总人次的73%）的同时，也在较大程度地满足了上海至苏浙皖门诊就医的需求（占双向总人次的27%），且双向需求的比例逐步稳定。可以说门诊直接结算政策的推行，让长三角三省一市实现了互惠互利。

（三）有序可控,结算便利并未引发"虹吸"现象

医疗资源的势能差是引导就医人群流动方向的主要动因之一,患者会从医疗资源低势能地区向高势能地区流动。由于复杂的原因,在长三角区域内,医疗资源的配置存在着巨大的区域势能差①。如上海作为长三角乃至全国的医疗高地,在三省一市中的医疗势能最大,因此常有人担心异地门诊跨省直接结算的推进会像"开闸放水"一样,形成大规模异地就医聚集性流动,即所谓"虹吸"现象。这会加重就医地的医疗负担,同时造成参保地患者的严重流失,进而影响当地医疗卫生事业的发展。为了回应这种担心,助力门诊费用跨省直接结算政策在全国范围内推开,笔者以上海为中心,对是否发生"虹吸"现象进行了细致的分析。

1. 从就医态度上看,大部分民众仍会理性就医

从就医态度上来看,通过对政策实施后民众异地就医的意向进行调研发现,超过三成的民众认为,门诊直结政策的实施对他们的异地就医意向没有影响。超过五成的居民异地就医意向有所升高,但仅一成的居民异地就医意向大幅升高,这说明政策的实施并不会对民众异地就医行为产生强烈的引导作用,大规模的外地患者涌入大城市的大医院的现象发生的概率较小。

通过对调研问卷进一步分析发现,在看病首诊上,有51%的民众会选择优先在居住地就医,40%的民众会视情况而定（轻症优先选择本

---

① 杨安娣.区域势能与国际直接投资研究［D］.长春：东北师范大学,2002.

地,重症优先选择条件更好的异地),仅有9%的民众会优先在条件更好的异地就医。由于分级诊疗制度的引导以及对就医成本的理性考量,超过90%的民众会理性就医。

2. 上海四家三甲医院门诊就医人次未显著上升

从医院端的就医行为上来看,对四家医院的数据进行统计发现,如表5-5所示,2019年1—8月三省患者至四家医院门诊就医人数、人次、医疗总费用等均略高于2018年同期,2019年1—8月就医人次相比2018年同期增加了10.4万,相对增长了1.69%。

表5-5 三省患者至四家医院门诊就医数据

时　间	人次 （万人次）	人数 （万人）	医疗费用 （万元）	直接结算费 （万元）
2018年1—8月 （政策实施前）	613.7	301.4	273 258.4	142 905.4
2019年1—8月 （政策实施后）	624.1	339.8	306 010.3	160 001.1

选取2018年1月至2020年9月的门诊数据,对比上海本地就医组与外地就地组在政策实施前后的就医人次占比变动。如表5-6所示,上海本地就医组和外地就医组在政策实施前人群占比分别为82.13%和17.87%,在政策实施后人群占比分别变为80.24%和19.76%。

表5-6 四家医院中本地就医组与外地就医组人群在政策
实施前后的就医人次占比变动情况

时　间	本地就医人次/ 万人次	外地就医人次 /万人次	本地就医人次 占比/%	外地就医人次 占比/%
政策实施前 （2018年1—8月）	613.74	133.57	82.13	17.87
政策实施后 （2018年9月至 2020年9月）	1 802.05	443.91	80.24	19.76

根据四家医院的直接结算人次数据，如表5-7所示，自2018年9月至2020年9月，上海市本地民众至四家三级医院直接结算人数达1 216.2万，直结人次达2 303.0万，三省民众至四家三级医院直接结算人数达8.2万，直结人次达14.1万，三省患者至上海门诊直接结算人次占比仅为0.6%，直结人数占比仅为0.7%。

表5-7　四家医院门诊直接结算人次数据

就医人群	直接结算 人次/万人次	直接结算 人次占比/%	直接结算 人数/万人	直接结算 人数占比/%
本地就医	2 303.0	99.4	1 216.2	99.3
外地就医	14.1	0.6	8.2	0.7

在进行间断时间序列分析前，本研究调取了四家医院2018年1月至2020年9月之间的病例资料。考虑到2020年数据受疫情影响波动明显，故将2018年1月至2018年8月定义为改革前，将2018年9月至2019年12月定义为改革后，2018年9月为政策的起始月。总患者病例数为2 296.51万人次，其中上海本地门诊就医数为1 858.39万人次，外地门诊就医数为438.12万人次。本研究用Durbin-Waston（D-W）检验来检测因变量的自相关性，残差统计量D-W取值范围为0～4，在1.5～2.5之间表明不存在显著的自相关问题；当存在自相关性时，利用Prais-Winsten估计法来处理。在结果的最后输出了D-W值，D-W初始值为3.076，可以认为存在自相关，在使用Prais-Winsten之后，D-W值改进为2.236。

ITSA的统计结果如表5-8所示，本地就医的改革前基线趋势、改革即刻变化和改革后趋势变化均没有显著的统计学差异。其中，改革前就医人次每月上涨0.221万人次（$P > 0.1$），改革当月当即下降0.99万人次（$P > 0.1$），改革后为每月上涨0.205万人次，较改革前减少了0.016万人次（$P > 0.1$）。对于外地就医而言，只有改革前基线变化差

表5-8 本地门诊就医人群和外地门诊就医人群在改革前后的
间断时间序列回归分析

政 策 效 果	系数	标准误	t	P值	95%CI 下限	95%CI 上限
常数项	75.410	1.798	41.93	＜0.001	71.775	79.045
本地就医组						
改革前基线趋势	0.221	0.382	0.58	0.566	−0.550	0.992
改革即刻变化	−0.990	2.590	−0.38	0.705	−6.223	4.247
改革后趋势变化	−0.016	0.408	−0.04	0.969	−0.841	0.809
本地就医与外地就医差异						
改革前基线变化差异	62.177	2.543	24.45	＜0.001	−67.317	−57.037
改革前基线趋势差异	0.664	0.540	1.23	0.226	−0.427	1.754
改革即刻差异	−2.656	3.663	−0.73	0.473	−10.059	4.747
改革后趋势变化差异	−0.646	0.577	−1.12	0.269	−1.813	0.520

注：选用 Prais-Winsten 回归方法，调整后的 D-W 统计量为2.236。

异有显著的统计学意义，而改革前基线趋势差异、改革即刻差异和改革后趋势变化差异均没有显著的统计学意义。具体来说，基线上外地就医人群每月比本地就医人次少了62.177万人次（$P < 0.01$）；改革前外地就医人次每月上涨0.885万人次，比本地就医人次增幅多出0.664万人次（$P > 0.1$）；改革当月外地人群就医人次当即下降了3.646万人次，比本地当月变动下降了2.656万人次（$P > 0.1$）；改革后每月下降0.662万人次，较本地人群就医人次增幅下降了0.646万人次（$P > 0.1$）。

图5-28展示了序列回归的模拟结果，图中竖虚线将长三角门诊直结政策分为改革前和改革后两部分，可以直观地看出，外地患者门诊就医人次趋势在改革前和改革后没有出现大的变动。

3. 空间可达性制约明显，异地门诊直结主要集中于周边城市

从不同城市来看，长三角门诊费用跨省直接结算已经实现苏浙皖3省40个城市全覆盖。自2018年9月至2020年9月，苏浙皖各城市至上海四家三级医院门诊直接结算人数中，除上海本地民众以外，南通、宁

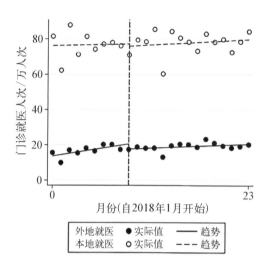

图5-28　基于两组间断时间序列回归分析的门诊就医人次变化趋势

波、嘉兴、苏州、盐城直接结算人数较多。

　　从不同城市来看，根据各城市人口对门诊就医直接结算人数进行标准化计算，即计算每个城市每十万人中至上海四家三级医院门诊直接结算的人数，以反映上海四家三级医院对当地的吸引力。各城市每十万人至上海四家三级医院门诊直接结算的人数中，除上海本地民众以外，舟山人数最多，达400人；其次为南通（170人）、嘉兴（169人）、宁波（109人）等城市。

　　以各城市至上海四家三级医院门诊直接结算的人数除以该城市开通长三角门诊费用直接结算通道的月份可以发现，除上海本地民众外，嘉兴（499人）、南通（498人）、宁波（356人）、苏州（298人）、舟山（293人）、盐城（273人）至上海四家三级医院平均每月门诊直接结算人数较多。分析显示，至上海四家三级医院平均每月门诊直接结算人数较多的城市主要分布在上海高铁1小时圈之内或周边。

　　通过对三省各城市至上海门诊每月平均直接结算人数、每十万人直接结算人数、每十万人门诊就医人数与至上海的距离进行相关分析，发现均呈现显著负相关。如表5-9所示，即各城市至上海的距离越小，至上海门诊每月平均直接结算人数、每十万人直接结算人数、每十万人门诊就医人数越多。同时，每月平均直接结算人数与至上海距离的相关系数绝对值相对较大，因此，每月平均直接结算人数与至上海的距离的相关性更加显著。

表5-9　各城市至上海门诊就医人数与至上海距离相关性

	每月平均直接 结算人数	每十万人直接 结算人数	每十万人门诊 就医人数
各城市至上海的距离	−0.552**	−0.424**	−0.412**

注："**"代表在0.05水平上显著相关。

对比苏浙皖至上海四家三级医院门诊就医人数，可以发现至上海高铁距离2小时内的城市占比显著较高。调研数据显示，自2018年至2020年9月，上海高铁1小时圈的就医人数占苏浙皖40个城市总就医人数的25%，上海高铁1～2小时圈的就医人数占苏浙皖40个城市总就医人数的40%。

对比2018年至2020年9月苏浙皖至上海四家三级医院门诊就医人数，上海大都市圈8个城市占比显著较高（见图5-29），占其他32个城市就医人数的65%，占苏浙皖40个城市总就医人数的40%。

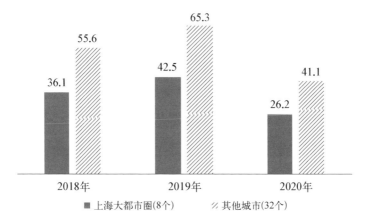

图5-29　各城市至上海四家三级医院门诊就医总人数（万）

4. 总体可控,上海门诊总量中异地直结占比不足1%

长三角门诊跨省直接结算政策试点后,直接结算人次稳定增加,但在上海医疗资源承受范围内,人数总体可控。2020年9月苏浙皖三省在上海市发生的异地门诊直接结算人次为20.7万,仅占了上海市门急诊总量(2019年门急诊月均2 220.0万人次)的0.93%[①]。如表5-10所示,若按净流入计算,2019年全年上海净流入的门诊直接结算人次为23.7万,仅占上海市门急诊总量(26 649.9万人次)的0.89‰。

表5-10　长三角门诊直接结算人次的双向变化

流动方向	2018年	2019年	2020年
上海至苏浙皖	0.06	20.1	30.4
苏浙皖至上海	1	43.8	102.7
上海净流入	0.94	23.7	72.3

即使是在异地就医的重点医院,异地门诊直结人次相比上海本地也处于较低水平。根据四家重点医院的就医数据计算,如图5-30所示,2020年7月至2020年9月,苏浙皖三省民众至四家医院的直接结算人次与上海本地医保结算人次比值分别为2.86%(中山医院)、1.76%

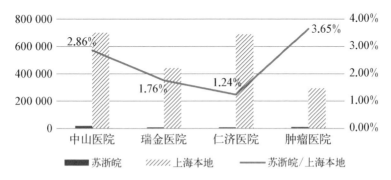

图5-30　2020年7—9月上海四家重点医院的门诊直结人次情况

---

① 周亚,朱章海.上海统计年鉴2020[M].北京:中国统计出版社,2020:4-5.

（瑞金医院）、1.24%（仁济医院）、3.65%（肿瘤医院），均在5%以下，仍处于可控范畴。

5. 以结构调整为主，异地门诊总体增量并不显著

以嘉兴至上海门诊为例，分析门诊费用跨省直接结算后异地门诊的前后变化情况。对比嘉兴至上海四家三级医院门诊直接结算人数与门诊总人数的变化情况，如图5-31、表5-11所示，虽然门诊直接结算人数增长迅速（由2018年9月的23人增至2020年9月的1 024人），但是至四家医院的门诊总人数变化不显著（由2018年9月的3 561人增至2020年9月的4 156人，仅增长了16.7%）。由此可知，直接结算实施后，嘉兴至上海门诊就医需求没有显著增加，只是采用门诊费用直接结

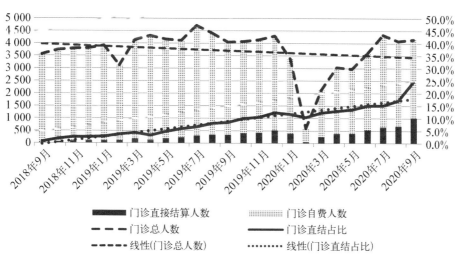

图5-31　嘉兴至四家医院门诊直接结算人数、总人数

表5-11　嘉兴至上海四家重点医院门诊就医情况-——不同年份的同期比较

时　间	直结人数	总人数	占比/%
2018年9月	23	3 561	0.6
2019年9月	335	4 044	8.3
2020年9月	1 024	4 156	24.6

算的比例显著增加（由0.6%增至24.6%），即没有出现嘉兴患者扎堆至
上海三级医院门诊就诊的无序诊疗现象，变化以结构调整为主。

上述结果表明，政策实施2年来产生的门诊结算量较上海整体门诊
结算量仍处于极低水平，对上海整体门诊服务并不构成较大压力，属于
可控范围。

第六章

现存障碍

尽管门诊费用跨省直接结算试点的范围在不断扩大,直接结算人数在持续增加,但长三角依然还有一部分异地参保人延续传统做法回参保地进行人工报销。换言之,参保人的异地便利结算需求还未得到充分满足。以嘉兴为例,即使嘉兴是第一批开通门诊费用跨省直接结算试点的城市之一,直到2020年9月仍有28%的嘉兴患者选择手工报销(不考虑自费患者)。为充分满足参保人异地就医便利结算的需求,进一步优化政策,本章对门诊费用跨省直接结算存在的问题进行了梳理。

一、门诊慢特病未全面覆盖

(一)门诊慢特病就诊频次相对更高

　　"门诊慢特病"并不是一个医学上的概念,而是一个医疗保障层面的概念。各地对其称谓不统一,比如门诊慢性病、门诊特殊病、门诊规定病种、门诊大病、门诊统筹病种等。但总体来说,各地的"门诊慢特病"一般指一些医疗费用高、诊断明确、能在门诊治疗、在医保统筹基金的可负担范围内、受统筹基金保障的疾病(主要为慢性病、重大疾病)。比如恶性肿瘤、冠心病、慢性肝炎、关节炎、肾透析等,此类疾病往往具有较高频次的复诊或配药需求,且费用较高。在报销待遇方面,一般情况下,纳入"门诊慢特病"管理的病种在起付线、封顶线和报销比例上都会相应放宽。以浙江省人力资源和社会保障厅等四部门联合发布的《关于进一步完善慢性病门诊医保政策有关事项的通知》为例,该文件提出对纳入慢性病特殊(规定)病种范围的病种,应当适当提高门诊基本医疗保险报销比例,有条件的统筹区按基本医疗保险住院报销政策执行①。《安徽省基本医疗保险门诊慢性病、特殊病管理办法》中也提到

---

① 浙江省关于进一步完善慢性病门诊医保政策有关事项的通知[EB/OL].(2017-09-25)[2022-06-01].https://si12333.cn/policy/szsc.html.

参保人员在确认的医保定点医药机构发生的慢特病门诊医药费用，一个年度内比照一次住院处理的规定进行结算。另外，参保人员享受多种门诊慢特病病种待遇时，只计算一次起付线，按增加病种支付限额的一定比例增加支付额度①。

（二）门诊慢特病未全面实现直接结算

长三角地区在2018年实现了异地就医的普通门诊直接结算，但是不能满足长三角全部患者的需求，尤其是各地普遍对门诊慢特病患者有倾斜政策，而普通门诊直接结算不能体现相应的待遇，在国家医疗保障局网站信访渠道上也有门诊慢特病患者表达他们对于异地结算的需求。长三角区域内目前示范区两区一县（上海市青浦区、江苏省苏州市吴江区和浙江省嘉兴市嘉善县）医保部门实现慢病特病结算通，如青、嘉、吴三地尿毒症门诊血透、腹透大病患者，可在示范区内任何一家有资质的医疗机构就诊结算，方便患者就近诊疗，减少患者的等候时间，实现医疗资源的便利共享。此外，青浦区、吴江区包括高血压、糖尿病等门诊慢性病的异地结算也已开通，增强了示范区门诊医疗保障能力，让示范区慢性病、大病患者异地就医结算更便捷。以吴江区和嘉善县为例，吴江区2020年登记的门诊慢特病患者为20 002人，嘉善县为13 422人②，探索门诊慢特病的跨省直接结算，可以实现门诊结算的广覆盖和保障这些弱势群体的需求，但在长三角的大部分地区，门诊慢特病尚未实现门诊费用跨省直接结算，参保人仍需至窗口申请费用报销，给参保人带来了一定的困扰。

"根据我市2018年、2019年医保转向上海就医情况统计，从转院治

---

① 安徽省医疗保障局关于印发《安徽省基本医疗保险门诊慢特病病种目录（试行）》的通知［EB/OL］.（2021-05-01）［2022-07-15］.http://ybj.ah.gov.cn/public/7071/145724401.html.
② 姜立文，刘晨红，姜桦，等.跨省异地医保直接结算现状分析：基于上海某三甲医院数据［J］.中国初级卫生保健，2019，33（5）：23-25.

疗的疾病来看,主要为重特疾病、高风险类疾病。肿瘤类疾病占多数,而符合办理规定病病种备案的参保人在上海门诊就医无法直接刷卡就诊,因政策原因,特殊病种门诊刷卡就诊目前只针对浙江省,特殊病种的跨省门诊刷卡目前未开通,参保人员只能返回参保地进行零星报销。"(嘉兴市某医疗保险经办机构工作人员G)

门诊慢特病无法直接结算是老年人反映的最普遍的问题,也是影响老年人异地养老的重要问题。随着经济水平的提高和养老观念的改变,越来越多的老人选择异地养老,老年群体流动性较大,例如嘉兴市和苏州市的一些养老社区,离上海近、环境优美、服务质量好、语言和饮食习惯相近、收费标准显著低于上海,养老性价比高,深得上海老年群体的青睐。同时,大部分老年人都患有一种或多种慢性疾病,需要长期服药或按时复检,就医需求较大,但是基本医疗保险异地就医结算不便和医保政策不能互通,成为异地养老的最大瓶颈。如住在昆山养老机构的上海老人在当地看普通门诊无法实时结算,配药也受到限制,异地养老的老人经常往返于外地养老机构与上海之间,极大地影响了异地养老者的生活质量[1]。可见,门诊慢特病若能实现跨省直接结算,则能解老年人在异地看病、异地养老的后顾之忧。

典型案例

陈女士,67岁,在上海参保,由于昆山离上海近,交通便利,子女平时探望比较方便,且环境良好,性价比较高,因此,陈女士退休后在昆山购置了房产,长期在昆山养老。

---

[1] 从长三角医保"一体化"看异地就医结算的关键问题[EB/OL].(2019-05-10)[2022-07-15].https://www.sohu.com/a/313159833_439958.

陈女士的老伴患有阿尔茨海默病，需要长期就诊、服药。她表示，如果关于门诊特殊病的就医费用跨省直接结算政策不能联通，需要来回奔波处理报销事宜，考虑到老伴的身体状况，那么几年后她还是会选择返回上海；但如果医保结算方便的话，则会考虑长期住下去，目前在昆山养老整体来说生活舒适度比较高。此外，陈女士透露，她的老年朋友中已经有一些在昆山买房养老的上海老人因为看病问题不能解决而卖掉当地的房子返沪养老，这个过程费时费力，对老人而言是无奈之举，且返沪之后仍然面临较高的养老成本。

（三）门诊慢特病病种范围不统一

不同地方的慢性病病种范围、报销比例、起付标准、是否设有封顶线等都会存在差异，且往往有复杂的报销政策。各地在执行国家"两病"的最低标准的基础上，结合本地慢病特点和医保基金的承受能力，自行增补常见的慢性病病种；同时，根据自身情况选择设封顶线，或者不设封顶线。如浙江各地可根据医保基金承受能力，在省定慢性病特殊（规定）病种的基础上，自行增补慢性病特殊（规定）病种。以长三角生态绿色一体化发展示范区为例，由于示范区三地的筹资水平不同，医疗保险基金在支付能力上存在差距，所以目前三地在门诊病种的保障范围和水平上是有差异的。在门诊慢性病管理方面，上海市青浦区不限定门诊慢性病范围；江苏省实行门诊慢性病异地就医"一单制"结算，苏州市吴江区慢性病的病种范围限定为城乡居民基本医疗保险中的高血压和糖尿病；嘉善县慢性病病种管理范围包括城镇职工基本医疗保险和居保，均为12种。在门诊特殊病管理方面，目前上海市青浦区、苏州市吴江区和浙江省嘉善县对门诊特殊病的称法分别是门诊大病、门诊特定项目和规定病门诊。值得注意的是，上海的门诊大病是被视作外省市的门诊特殊病，待遇参照住院比例报销。三地在门诊病种管理上存在较大差异,三地的保障水平也存在较大差异。例如,嘉善县有药品目录7 433种,诊疗项目311种;吴江区恶性肿瘤和尿毒症合计有诊疗项目49种,药品目录合计23 241种[①]。管理差异的存在,导致部分参保人不清楚自己的疾病在就医地是普通病种还是门诊慢特病的病种。对于那些在参保地为门诊慢特病但在就医地未被纳入的病种,易造成医保卡误刷。由于门诊慢特病与普通病种报销待遇差别较大,误刷后医保报销待遇将受到影响。参保人的疾病在就医地未被纳入特殊病种时,均按照普通病结算,占用了年度内统筹基金,且报销比例小于门诊慢特病。

二、各地医疗保障政策仍不统一

(一)各地医疗保障政策不尽相同

由于目前我国基本医疗保险实行属地管理,各地区医保政策管理呈现碎片化的特点。门诊异地就医的需求特点和就医管理的复杂性更为突出,各地医保门诊管理和待遇保障尚存差异[②]。在门诊费用跨省直接结算实施之前,不同地域之间虽然也存在政策上的差异,但由于不存在区域之间的交互,报销行为只能在参保地完成,因此政策的矛盾并不突出。然而门诊费用跨省直接结算实施后,执行就医地目录和参保地报销比例,实际上就在就医地和参保地的政策之间建立起了交互关系。此时政策上的差异被进一步放大。具体来说,根据各地政府官网对高值医用耗材医保支付的有关规定,长三角三省一市的药品目录、耗材目录、价格收费体系不一致,并且还没有建立起覆盖整个长三角地区患者个人信息、医学检查信息、诊疗信息和医保信息互通的网络(见表6-1)。

---

① 刘鑫,吕大伟,许宏,等.长三角生态绿色一体化发展示范区门诊慢性病和特殊病跨省异地就医直接结算办法与进展[J].中国卫生资源,2021,24(4):366-369.
② 张晓.优化异地门诊直接结算政策的思考[J].中国社会保障,2020(6):80-81.

表6-1　长三角地区高值医用耗材医保支付有关规定

地区	对　　象	规　　定
上海	人工晶体、心脏瓣膜、冠状动脉疾病诊断与介入治疗使用的导管和腔内支架，外周血管和神经血管疾病介入治疗材料，胰岛素注射笔用针头，使用国产或合资所发生的材料费	先由参保人员按20%比例现金自付；使用进口材料所发生的费用，先由参保人员按30%比例现金自付；其余费用再按基本医疗保险的规定支付
	心脏起搏器、人工关节、骨内固定材料、先天性心脏病介入治疗材料、门诊用造口袋、脑起搏器	采取最高支付限额纳入报销范围的办法
江苏	外省人员在江苏省就医发生的乙类部分特殊医用耗材	费用在5万元以下（含5万元）的特殊医用材料个人自付比例统一为10%；单个（组）材料费在5万元以上（不含5万元）的部分为自费，个人全额自付。支付限额以内的个人自付后的剩余费用由各地按医保规定予以支付
安徽	属于《安徽省基本医疗保险医疗服务项目目录》内的项目需使用的医用材料	在《项目目录》分类说明和项目对应除外内容中允许单独收费的一次性医用耗材，应维护对照医保结算管理系统中相应的医用耗材项目（有限额支付的按医保限额支付的医用材料目录中的材料名称录入）。医保结算系统中没有的医用耗材项目，一律对照医保结算管理系统中的特需项目。《项目目录》中设定为医保丙类的项目，除外内容可单独收取的医用耗材的费用基本医疗保险基金不予支付，也维护对照医保结算管理系统中的特需项目
浙江	属于《省医疗服务目录》内的项目需使用的医用材料，且符合"适用项目"规定的，纳入医保支付范围	使用某个或某类医用材料，实行最高限额支付，超过最高限额部分的费用医保不予支付。参保人员使用医用材料，先由个人自理一定比例后（由各市根据经济发展水平、基金承受能力确定），再按医保规定支付。全省平均自理比例在5%～20%

对于制定长三角门诊费用跨省直接结算政策的相关工作人员来说，如何平衡、调整三省一市之间的差异是需要深入研究的课题。同时，对于就医地和参保地医疗保险经办机构的工作人员来说，因难以完全了解对方的医保政策，在执行层面难免影响工作效率。

"三个省保障的报销目录不一致,药品目录、耗材目录、价格的收费体系,这三个体系四省市都是不一致的,在推行的过程中也会有这样那样的矛盾。医保待遇的问题也是比较大的问题。上海的职工待遇平均比较高,报销比例在84%左右,个人负担只有16%,不包括自费项目,居民医保报销比例在64%左右,整体保障水平还是比较高的。三个省之间老百姓的待遇是不一致的,那么将来待遇水平怎么调整,特别是将来这些人群是留在上海还是回到外地就医,享受哪一方的待遇水平,这是一体化的过程当中需要深入研究的问题。"(上海市医疗保障局相关负责人L)

对参保人员来说,长三角跨省异地门诊联网结算规则中的一项就是执行就医地的目录。参保人员可以进行报销的药品目录、诊疗项目和服务设施项目依据的是就医地的规定。通俗来说,就是用什么药、如何治疗是就医地说了算,付多少钱及如何付,是参保地说了算。每个统筹地区设定的医保政策不尽相同,往往在参保地可以报销的药品和项目,在就医地却不能报销或价格差异较大,因政策差异产生的医疗费用则只能由参保人员承担[1]。此外,疗效产品的价格差异,也造成了异地医保结算中的麻烦和问题,如有的病人因两地药品价格差可能有改变就医点的要求,但一些部队医院医保系统有缺陷,一旦按照医保拉卡,中途无法改变。

"有一个参保居民在上海的一家大医院和江苏一个县级医院买同一种药,因为上海'4+7'已经落地了,江苏这块不在'4+7'范围之内,这个时候出现了价格差异很大的现象。"(江苏省医疗保障局相关负责人H)

---

[1] 滕晓梅,廖祖达,程沛然,等.长三角跨省就医门诊异地联网结算实施1年情况研究[J].中国初级卫生保健,2020,34(11):14-18.

优质资源集中的地区，其医院的技术水平相对先进，而医保目录不统一可能阻碍了其他地区医院的新技术、新项目的发展。同时，部分优质药物如上海市复旦大学附属华山医院皮肤科自制药剂也无法在其他地区使用，导致老百姓无法共享优质药物，医院医治效率难以提高。

"上海是优质资源集中的地方，也有很多新的技术在发展。但是像我们这些地区就很难。我自己是一个骨科医生，骨科引进了一个最先进的手术机器人，上海很早就有收费条目能够收费，但在浙江这个条目迟迟下不来，今年在医保局的帮助下，条目总算下来了，但实际上也阻碍了我们一些新技术的发展。所以我在想以后在医保目录统一性方面，是不是可以做一些呼吁？比如说在上海，这些新技术、新项目已经经过调研、论证了，长三角的浙江也好、江苏也好，是不是可以采取同样一种方式？这样的话，对新项目、新技术的开展会有很大的帮助。上海华山医院皮肤科全国排名第一，它好在哪里？它的自制药剂是最有效的，但是它的自制药剂拿到浙江就不能用了。像上海很多好的医院都有自制药剂，比如光华医院的风湿病自制药剂，所以长三角医院的目录能不能统一？能不能有一个常态化的目录准入机制？"（浙江省嘉兴市第二医院相关负责人Y）

典型案例

李某，男，79岁，在上海市参保，长期异地居住在安徽省。2019年9月5日因病前往安徽某医院就医，就医后通过异地就医直接结算系统在医院直接联网结算，因其个人支付费用较高，患者认为报销比例存在问题，向上海市医保服务中心提出申诉。

上海市医保服务中心接到李某的申诉后，为详细了解该参保人高自费比例的原因，需要查询李某的费用明细，了解患者具体在药品、耗材、医疗服务项目等方面的自费、自付和医保支付情况。经核对，发现李某自付费用高的主要原因是使用了很多安徽省医保目录外的进口医用耗材，因此报销结果并不存在任何问题。另一方面，根据上海市医保目录对医用耗材的管理规定，上述这些耗材在上海市可以多报销。

上海市医保服务中心将这些情况告知李某后，李某表示本来认为异地就医联网结算会方便很多，但没想到两地报销待遇差异这么大，如果提前了解这些情况他会更愿意回到参保地报销。原本为了提高参保人就医便利性的异地就医，却降低了部分参保人的医保获得感。

（二）医保信息缺乏统一标准

长三角地区尚未实现疾病诊断和手术操作编码、医保药品、医保医用耗材、医疗服务项目、门诊慢特病病种、结算清单等医保信息数据互认、数据共建共享，尚未形成自上而下医保信息数据交换的"通用语言"。目前区域内各地区正按照"统一分类、统一编码、统一维护、统一发布、统一管理"的总体要求，将实现统一规范的医保信息业务编码体系，发挥信息标准化在医保管理中的支撑和引领作用，但如何在短期内满足异地就医门诊管理需要却是一个挑战[①]。

（三）待遇倒挂导致居民报销投机

门诊费用跨省直接结算放大了不同地方报销目录不统一的问题，给予了民众进行理性选择医疗机构、医保报销投机的机会，参保人员为了规避刷卡直接结算产生的待遇差，会倾向于选择就医后回参保地进行零星报销，以获取更高的报销待遇。根据上海交通大学健康长三角研究院的调查数据显示，在14 381位受访的长三角居民中，近期253人

---

① 张晓.优化异地门诊直接结算政策的思考［J］.中国社会保障,2020（6）：80-81.

有门诊异地就医经历,其中49人回参保地零星报销,在49人中有5人认为刷医保卡不如回原籍报销划算。

"有越来越多的上海居民选择去苏浙皖工作、生活和养老,在当地直接结算与回上海零星报销存在待遇差,若就医地基本医疗保险'三个目录'与上海'三个目录'相比,范围面窄、数量少,那么直接结算比率就低。因为目录不一致导致的报销比例差别,时常有已经刷卡了之后发现不如手工报销划算从而选择退费的情况发生。"(上海市某医疗保险经办机构基金结算科工作人员S)

三、直接结算平台不稳定

(一) 结算平台信息链路复杂

如图6-1所示,根据访谈结果,平台搭建是一个极其复杂的过程,其系统链条很长,经过医院、就医地市、就医地省、国家、参保地省、参保地市等多个环节,至少包括参保人所在统筹区平台、省平台、国家结算平台、就医地所在省平台、就诊定点医院平台等。各个主体之间的信息传递存在着极为复杂的通路,中间对交易数据转发频繁,相应地,在这种环环相扣的长链条信息传递路径之下,任何一个流程出现问题都会导致患者无法直接结算。

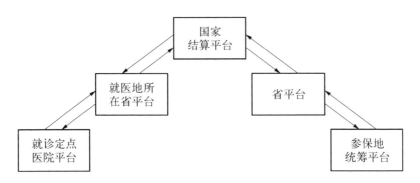

图6-1　当前门诊费用跨省结算平台逻辑

"系统的链路是非常长的，从就医医院发起到就医地系统，再到国家平台再到参保地系统，它的环路就非常长，返回是从县市到地市再到省级平台到国家再到就医地，整个链路中一个环节出错，就可能导致无法正常报销，所以说异地就医者结算成功是一件很不容易的事情。出错时，可能是备案问题，可能是未按照接口规范来做，有可能是医院系统的问题，还有可能是卡的问题。"（上海市医疗保障局相关负责人L）

（二）结算系统稳定性较差

各地系统升级或接口不规范等易造成系统不稳定从而出现故障。同时，由于国家结算系统刚刚建成，系统稳定性较差，进一步影响了异地就医的结算进度。根据上海交通大学健康长三角研究院的调查数据显示，在14 381位受访的长三角居民中，近期253人有门诊异地就医经历，其中49人回参保地零星报销，在49人中有5人因系统原因没刷出来。

"之前9月江苏平台升级，系统就一直报错；8月安徽平台升级，系统就崩了。我们认为报错的原因主要有三点：一是国家平台不稳定；二是省市级网络故障；三是参保地医保政策有问题，比如待遇升级、新增人群，信息系统没有和国家的对接完善。"（上海某三甲医院信息办工作人员Z）

再加上第三代社保卡各地落实力度不一，也给参保人直接刷卡就医带来了影响。

"我们市自2020年4月开始启用三代社保卡，而上海部分定点医疗机构仍然使用二代社保读卡器，导致无法识别，参保人员只能返回参保地进行零星报销。"（湖州市某医疗保险经办机构工作人员Y）

（三）结算核查反馈效率低

为及时沟通解决结算系统不稳定问题，上海各区医保中心与所辖医疗机构之间建立了多渠道的协调沟通机制，如QQ、微信等线上工作群组、定时的线下碰头会议等。但上海医保中心与浦东医保中心的工作人员都指出，至今每天仍然有因结算系统不稳定而导致直接结算出错的问题。因异地就医联网结算涉及多要素，短时间内难以发现其报错规律，核查反馈效率较低。

另外，对于短时间内无法立刻解决的问题，需要经过就医地定点医疗机构—就医地医保经办机构—参保地医保经办机构多个环节核查反馈，效率较低，且发生故障后医疗机构建议病人自费，也易降低异地就医人员的满意度，导致患者对结算系统的信赖度降低。

"我们这里有工作群专门处理这些问题，定点医疗机构的相关工作人员都在群里，一般都是发报错截图和社保卡的照片，我们就可以查到相关信息。多数问题我这里都需要参保地去解决，有可能参保地解决不了，会建议患者先自费，回参保地报销。"（上海某医疗保险经办机构工作人员Z）

"如果患者在住院那是可以等待的，因为就住在医院里，而门诊就不太可能了，比如人家可能就要赶下午的火车，那医院就会建议先自费，然后再报销。所以说这种情况会导致报销次数增加。也有投诉电话，拉不出来客户信息，找不出原因，只能回复有可能是系统全面升级。那么一次两次以后，人家就觉得你这东西不靠谱。"（上海市医疗保障局相关负责人L）

（四）管理人员队伍薄弱

管理难度大，人工成本高。门诊费用跨省直接结算政策实施后，患者流入增加会带来更多经济效益，但同时也会增加信息系统的维护成本以及医疗机构的沟通成本。门诊费用跨省直接结算流程复杂，链路长，报错的原因多样，导致难以快速查询准确的报错原因，在管理人员队伍薄弱的背景下，工作压力将会加大。

"系统维护成本和医疗机构沟通成本比较高，新的政策实施之后，我这边多数问题都是系统不稳定造成的。此后系统稳定以后，报错少了，管理成本也不会增加。目前管理人员队伍比较薄弱，这几年增加了长护险、生育保险、医疗救助项目，但没有增加管理人员。社工薪酬也不高，人员流动比较大，培训成本很高。"（上海某医疗保险经办机构基金结算科工作人员 S）

四、异地就医监管仍需加强

（一）异地医保患者"过度医疗"风险更高

不同于养老保险、失业保险的定量支付方式，医疗保险运行因涉及医疗服务环节，需采用费用补偿机制，支付方式多采取按服务项目付费的事后报销制，因此极易引发供方诱导需求现象。异地就医行为涉及多方主体，在增加了参保人就医便利性的同时，在医患双方存在信息不对称的情况下，异地医保患者遭受"过度医疗"的风险可能更高，长此以往将带来医疗费用的不合理增长。随着门诊费用跨省结算"直通车"的开通，由于各地医保支付政策和医疗收费价格不完全统一，给医保基金的安全和监管带来了重大的影响。

（二）就医地监管机构监管动力不足

对于就医地来说，医保监管机构监管动力薄弱。就医地医疗保险经办机构不负责为异地就医患者买单，既没有动力监管，也没有权力监管，导致相同疾病异地就医患者医疗费用远高于本地患者。同时，由于缺乏监管，就医地医疗机构也更愿意接收异地就医患者，而这样容易引发矛盾。这种情况在北上广和省会城市的大型三甲医院中尤为突出。

"长三角一体化以后，特别是长三角异地就医越来越便捷以后，可能会同步带来问题，老百姓看病就医方便了，但给我们医保基金的监管也带来了挑战，现在异地就医的监管更多还是靠就医地监管。"（嘉兴市医保局相关负责人C）

（三）参保地监管机构监管能力薄弱

对于参保地来说，医保监管部门监管能力薄弱。参保地的医保监管部门难以直接对就医地医疗服务质量及医疗费用上涨实施有效监管，既不能对医疗服务提供即时监控，也无法对异地医疗机构采取监督措施，面对异地就医过程中的"医患共谋"行为束手无策。而委托就医地代为监管也并非绝对良策，对于就医地医保部门来讲，增加了监管工作的范围和难度，并且异地医保不在就医地医保总量控制范围内，就医地医保部门的监管积极性可能也不高。在调研中还发现，城市之间互为对方参保人员垫付结算资金，在现有医保基金管理层面尚无相应的政策法规，贸然操作，甚至有违规使用基金的嫌疑。

例如，长三角某地市医保经办窗口收到一位群众的报销凭证，为长三角另一地市门诊部中草药发票及费用清单，其中2021年4月7日5张发票的总金额为10 998.5元，2021年另外4张发票的总金额8 046元，2021年3月24日的4张发票的总金额8 004.4元。发票共13张，总金额27 048.9元，根据参保人家属的描述，每次均为半个月用药量，门诊部以保密方为由无法提供中草药处方，很难审核如此用药量是否合理，是否存在串换药品等违规问题。根据费用明细清单一服中药含160余味中药且金额昂贵，无法确定是否存在超剂量、超范围用药，也无法核实发票及清单是否属实，诊疗行为是否属实。当窗口工作人员将此问题移交给参保地稽核部门时，被稽核部门拒绝了，因无法取证，且异地门诊存在跨区域监管手续繁杂等问题。此类问题大多数情况下都会因无法调查而被搁置。

五、居民政策知晓度不高

（一）政策宣传途径单一

现阶段长三角异地门诊跨省结算的宣传途径，主要依靠异地就医人员在前往相关医保窗口办理业务或医疗机构结算时通过相关经办人介绍得知具体政策，政策文件宣传不到位[①]，宣传途径单一老套，成效甚微，不适应信息化时代的要求，无法满足人民群众的需求。根据上海交通大学健康长三角研究院的调查数据显示，在受访的14 381位长三角居民中，表示不知道长三角地区异地就医可以直接刷卡结算的居民占比超过五成（见图6-2）。同时，在14 381位长三角居民中，近期253人有门诊异地就医经历，有49人回参保地手工报销，其中16人不知道可以刷卡（见表6-2），说明目前长三角居民对于政策的知晓度不高，亟待拓宽政策宣传途径与增强宣传力度。

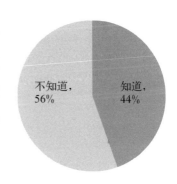

图6-2　长三角居民对异地就医可直接刷卡结算的政策知晓度

表6-2　手工报销患者没有选择直接结算的原因

没有直接结算的原因	频数	占比/%
不知道可以刷卡	16	33
没有带卡	12	24
没有提前备案	6	12
看的病不能直接刷卡	5	10
刷医保卡不如回原籍报销划算	5	10
因系统原因没刷出来	5	10

（二）老年人政策知晓度相对更低

根据上海交通大学健康长三角研究院的调查数据显示（见表6-3），按年龄分层，30～49岁的中年人群政策知晓率最高，达到51.9%；而65岁以上老人的政策知晓率最低，仅为34.5%；15～29岁以及50～64岁的人群也处于较低的政策知晓水平，政策知晓率分别为39.4%和43.8%。此结果提示，门诊费用跨省直接结算政策的普及度还不够，尤其需要加强面向老年人等重点人群的宣传。

表6-3　长三角41市居民的政策知晓情况

年龄段	政策知晓情况		
	知晓人数	不知晓人数	知晓率/%
15～29岁	1 264	1 947	39.4
30～49岁	2 824	2 615	51.9
50～64岁	1 581	2 031	43.8
65岁以上	730	1 389	34.5
小计	6 399	7 982	44.5

同时，目前长三角地区异地就医开通网上备案渠道，但对老年人来说，操作难度较大，老年人对备案流程较为陌生，对线上渠道缺乏信任，他们大多仍然采取零星报销的方式。

"医保比较特殊，针对的老年人比较多，老年人对网络不放心，所以偏向于现场报销，老年人有时间，而且跟我们工作人员比较熟悉了。"（上海某医疗保险经办机构工作人员Z）

（三）政策解读方式片面

在政策宣讲和推进过程中，片面强调政策推进后异地门诊费用结算的便利性，政策解读方式单一，导致部分参保人形成可以随地就医的错误印象。在接受调查的14 381位长三角居民中，近期253人有门诊异地就医经历,有49人回参保地手工报销,其中12人没有带卡,6人没有提前备案,说明目前部分参保人对异地就医直接结算流程不熟悉,不知道需要备案,不知道就诊医院是否为跨省就医异地结算联网医院,不清楚异地就医备案有期限限制,造成参保人至异地医院就医时出现备案错误的情况。

　　"部分参保人不熟悉异地备案政策或只了解一部分,没有进行异地备案或没有在省平台开通上海刷卡权限就去上海看病就医,就会导致在上海无法直接刷卡结算。"(湖州市某医疗保险经办机构工作人员Y)

　　"对于就医关系转移和异地备案申请,患者不了解相关规定,政策宣传不够,患者以为办理了以后就可以全国漫游就医。对于就医关系转移,大部分人都不了解,以为只需要备案就可以结算。"(上海市某医疗保险经办机构工作人员Z)

第七章

他山之石

"他山之石，可以攻玉。"发达国家医疗保障制度建设的历史更长，且经历了更复杂的发展阶段，有很多经验值得我们借鉴和学习。既有研究中，已有不少学者探究了发达国家医疗保障制度对我国医疗保障制度建设的启示，但对异地就医结算问题的国际经验还缺乏充分的梳理。为此，本章重点梳理了国际上具有代表性的四个典型国家（美国、加拿大、英国、德国）的基本医疗保障制度与医保异地结算情况，并以典型案例形式介绍了欧盟跨境医疗的医保结算情况，以此为基础探讨国际经验对我国的启示。从医保异地结算的机制出发，各国的异地就医结算情况大致可以划分为三类：① 全国统一模式（英国、德国）；② 地方分治模式（美国）；③ 统分结合模式（加拿大）。本章将以此为框架具体介绍三种模式。

一、全国统一模式

（一）英国模式

英国是福利型社会保障制度的国家，其医疗体制被称为国家卫生服务制度（National Health System，简称NHS）。这种体制主要由政府提供医疗保健，由公立医疗系统提供服务，覆盖99%的英国人[1]。英国的医疗保障制度具有覆盖面广、公平性、层次性、成本较低但效率较高等特点[2]。英国的医疗保障制度体系主要由国家卫生服务制度、社会医疗救助制度和私人医疗保险构成（见图7-1）[3]。

① 贾馨璐.英国医疗保障制度对中国的经验借鉴[J].消费导刊，2014（7）：32-33.
② 陈叶盛.英国医疗保障制度现状、问题及改革[J].兰州学刊，2007（8）：73-75.
③ 王雁菊，孙明媚，宋禾.英国医疗保障制度的改革经验及对中国的启示[J].医学与哲学（人文社会医学版），2007（8）：18-20.

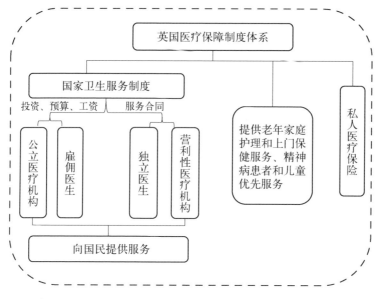

图7-1　英国医疗保障制度体系

1. 英国异地就医结算现状

要了解英国的异地就医结算情况，必须先了解其特色的全科医生制度。在英国的国家卫生服务制度体系中，每一位英国居民都有对应的注册全科医生（general practitioner，简称GP）。英国的国家卫生服务制度使用的是以社区为基础的医疗体系，而GP诊所是整个NHS基础医疗服务的核心①。所有英国居民都需要到住所附近的GP诊所完成注册与签约，才能享受免费医疗服务。英国实行严格的GP首诊制度，居民生病时须到注册的GP诊所先预约首诊，若有专科或住院等服务需要，须通过GP推荐才能转诊至专科医院接受治疗。作为医疗体系中坚力量的GP，有效地承担了整个医疗服务体系的"守门人"职能，完成了英国90%的门急诊业务和大部分公共卫生服务业务，却仅仅花费了NHS经费的8%，有效降低了英国医疗总费用②。

---

① 汤晓莉.英国国家卫生服务制度的起源及几次重大改革［J］.中国卫生资源,2001（6）: 280-282.
② 顾昕.全球性医疗体制改革的大趋势［J］.中国社会科学,2005（6）: 121-128.

在英国,GP的主要收入来源是NHS根据其签约的居民人数预付的包干式诊疗费用,超支不补、结余留用是其主要特征[①]。此外,英国居民具有自由选择GP签约的权利,居民"用脚投票","钱跟人走",这使得GP要想获得更高的收入,只有提高自己的竞争力,既要让患者主动找上门来,从而签约更多的患者,又要让患者少生病[②]。

通常,英国居民就医只需通过自己的GP就可获得免费医疗服务,产生的医疗费用由NHS与GP以及后续转诊的医院结算。当英国居民更换居住地时,只需要向原GP申请解约并在新居住地重新注册GP,即可在异地获得基础治疗服务。当在异地重新注册新的GP以后,原来NHS预付的人头费用,会发生转移,不仅如此,个人健康记录档案也会一并从旧GP转移到新GP。个人的GP健康记录转移由代表NHS的医师服务中心(Practitioner Services)统一管理。当居民更换GP时,医师服务中心负责把居民旧的GP健康档案转移给新的GP,人头费用则是通过NHS England进行转移支付[③]。

当居民短期去异地(出差、旅行等),在异地突发疾病且无法返回原先签约的GP诊所获得医疗服务时,可以有两个选择。

(1)就近注册临时GP,以获取GP的紧急治疗服务,注册时只需填写临时服务表格GMS3即可(GMS1表格用于注册永久GP,GMS3用于注册临时GP)。对于个人而言,临时的GP治疗也是免费的,相关治疗费用将由NHS直接报销给临时GP,诊疗的详细记录会传递给原GP,进而由原GP将这些诊疗信息添入个人医疗记录中。需要注意的是,并不是所有的GP都提供临时注册服务,前去注册时应当提前确认清楚。如

---

① 孙晓凡,陈旻洁,闻大翔,等.英、美、荷、澳、日分级诊疗实践的启示[J].中国卫生质量管理,2016,23(5):105-108.

② 杨志平,刘运芳,樊代明.试论新型全科医生的激励机制[J].中国卫生质量管理,2017,24(1):98-100,105.

③ 王建中,王晓玲,张文.英、德医保"人头费"制度及经验借鉴[J].中国医疗保险,2016,9(10):69-72.

果治疗需要花费的时间超过14天,则应以需要GP服务为由申请成为当地的暂时居民(temporary resident,在当地的逗留时间超过14天但小于3个月)或永久居民(permanent resident,在当地需要GP服务的时间超过3个月)。

（2）可以直接去当地医院的急诊中心获取急诊服务。英国医院的急诊(Accident & Emergency,简称A&E)是专门为涉及生命危险的病症和事故准备的,当患者认为自己处于危险时就可以直接去医院的A&E中心直接就诊,医生会对患者的疾病紧急情况进行评估,并根据评估结果安排就诊(通常不紧急的会有较长的等待时间)。对于有签约GP的居民,A&E治疗是免费的,相关费用由NHS下属机构"家庭医生经办医保公会"(简称CCG)①统一结算②,治疗信息也会纳入个人治疗记录,传递给注册GP③。

2. 英国异地就医结算特点

分析英国异地就医费用结算取得成功的原因,可以从提供异地医疗服务、异地就医费用结算和优质高效的医疗信息共享平台三个方面来分析。

（1）全国层面的保障统筹。NHS在英国覆盖面广且统筹层次高,负责直接与医生或者医疗机构进行医疗费用的结算。英国公民在英国可以享受覆盖英国全境的免费医疗服务,无须担心跨区域异地费用结算问题。

---

① COMMISSIONING DEVELOPMENT DIRECTORATE, NHS ENGLAND. Who pays? Determining responsibility for payments to providers[EB/OL]. (2013−08−01)[2022−07−15]. https://www.england.nhs.uk/wp-content/uploads/2014/05/who-pays.pdf.

② NHS NATIONAL SERVICES SCOTLAND, NHS ENGLAND. Transfer of your GP health records[EB/OL].(2020−04−01)[2022−07−15].https://www.nhsinform.scot/care-support-and-rights/nhs-services/doctors/transfer-of-your-gp-health-records.

③ BRITBOUND.Everything you need to know about the national health service (NHS)[EB/OL].(2020−11−16)[2022−07−15]. https://www.britbound.com/the-inbounder/everything-you-need-to-know-about-the-national-health-service-nhs.

（2）覆盖全国的家庭医生制度。英国稳定且覆盖面广的GP为居民在异地接受优质及时的医疗服务提供了强大的保障网。居民即使在异地无法与自己的签约GP联系时，也能就近申请GP服务，从而获得及时且优质的医疗服务[1]。"按人头付费""自由签约""用脚投票""钱随人走"，这些特点相互链接、相互制衡，使GP制度成为英国医疗总费用的"守门人"，节约了大量不必要的医疗支出，同时通过竞争机制促进GP主动提升服务质量。这是英国全国统筹、全民免费医疗政策最有力的支撑。

（3）全国范围共享的信息平台。英国搭建了全国范围内可以共享的"一人一户"信息共享平台，使得全国范围内的患者即使在异地就医也可以将就诊信息更新到自己的就诊账户中，保证信息的高效共享。因此，强大的底层GP服务、全民覆盖的NHS医疗费用结算网络和高效的信息共享平台是英国在居民异地就医方面取得成功的关键之策[2]。

（二）德国模式

德国医疗保障制度体系由法定医疗保险、法定护理保险、私人医疗保险和针对特定人群的福利型医疗保障制度（如警察和联邦国防军福利保障制度）等共同构成（见图7-2）[3]。其中，法定医疗保险是德国医疗保障制度体系的主体制度，覆盖了90%以上的人口，资金来源于雇主和雇员按一定收入比例的缴费，由全国的近千个疾病基金会管理，通过基金会与代表医生利益的医师协会以及各种公立、私立、民营医疗机构签订服务协议，向参加保险的人员提供医疗、预防保健等服务[4]。法定医疗保险是德国覆盖面最为广泛的保险，在德国全境采取统一的政策管

---

① 杨顺心,黄菊,代涛.英国全科医生制度发展经验与启示[J].中国社会医学杂志,2016,33（3）: 261-264.

② 王霄,付德明.浅析英国NHS体系与我国进城务工人员医保问题[J].劳动保障世界,2020（8）: 47-49.

③ 房珊杉,孙纽云,梁铭会.德国医疗保障体系改革及启示[J].中国卫生政策研究,2013,6（1）: 28-33.

④ 周静.德国医疗保险制度的经验借鉴[J].今日海南,2020（2）: 49-51.

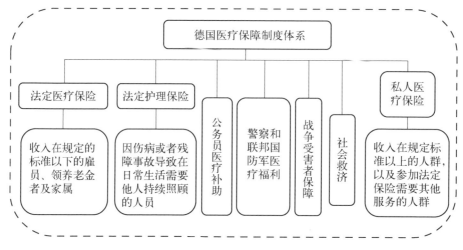

图7-2　德国医疗保障制度体系

理,也让德国的异地就医结算呈现出"全国统筹"的特征。

德国虽然不是严格实行家庭医生签约制度的国家,但95%以上的居民都有自己长期稳定的家庭医生。居民签不签约都没有关系,国家充分尊重个人意愿,但是签约之后,居民可以享受更多的卫生健康服务。需要注意的是,在德国,居民如果没有家庭医生的推荐,上级专科医院和综合医院是不直接接收患者的。所以,德国的分级诊疗自然而然就建立起来了——患者被家庭医生精准地转诊到大医院或相关专科医院。

1. 德国医保异地结算

德国是世界上最早以立法形式建立起医疗保险制度的国家,经过了100多年的发展完善,基本实现了全民覆盖。德国参保人员当前的医保卡是双面卡,一面承担国内就医结算功能,另一面是欧盟医疗保险卡,执行欧盟范围内跨国就医结算功能。在国内结算方面,这个医保卡是全国通用的,可在全国范围内享受医疗服务,不存在州市之间的医疗壁垒,即使"异地就医"也能"不异地"结算[①]。由此可见,德国通过全国

① 何运臻,冯旅帆,侯志远.欧盟跨境就医管理模式对中国跨省异地就医的经验借鉴[J].中国卫生政策研究,2018,11(1):13-20.

范围内通用的医疗卡,解决了异地医疗结算的跨区域统筹问题。然而,这种以全国通用的医疗服务卡为支撑的全国统筹医疗结算服务是建立在各地较为均衡的医疗水平和强大的医疗信息流动平台之上的,而其最根本的基础是完善且覆盖面极广的全民保险。

德国也采用家庭医生的方式提供免费的基础医疗保健服务,这点与英国类似,其不同点在于德国对家庭医生的补偿是"按项目付费"的。患者到家庭医生中心看病不需要支付费用,除非患者接受了超出医保范围的服务。家庭医生中心的收入是由医保机构根据中心所提供的医疗卫生服务项目按季度审核后结算的。这种付费方式,通过给医生限额(包括诊疗费用、药费、理疗费),增强家庭医生节省医疗资源的责任感,从而减少过度医疗行为的产生。与英国按人头付费的预付费模式不同,按项目付费模式是后付费模式。后付费的制度,在控费上不如预付费制度,但是管理上相对比较简单,具体地说就是报销结算相对而言更为简单,尤其在异地就医结算时不需要考虑两地家庭医生的利益冲突与转接[①]。

英国是福利制度,德国是保险制度,两个国家医保资金支付方式上有明显的不同点。英国国家卫生医疗服务体系主要通过全科医生和公立医院提供医疗服务。全科医生所开的诊所是私人医疗机构,政府通过合同的方式采购其所提供的医疗服务,并根据其就诊人数和工作量发放经费。而德国医保资金的支付方式则是首先将保费归集到全国健康基金,然后在各地区的"疾病基金协会"之间进行再分配;收到全国健康基金的拨款后,地区"疾病基金协会"将与当地医生协会进行谈判,按照医疗总费用和参保人数确定支付总额预付;地区"疾病基金协会"将资金分配给医院和医生。

---

① 周俊婷,李勇,胡安琪,等.德国医疗服务供给模式对我国的启示[J].中国药物经济学,2018,13(4):101-105.

在德国看病很少会直接去公立的大型医院，一般情况下病人都会首先选择家庭医生。家庭医生是德国医疗体系中最基础的环节，他们的诊所遍布每个社区、乡村。但是遇到紧急情况需要短期急诊怎么办呢？德国各个地区都会有一些诊所在周末、节假日以及夜间为患者提供急诊服务。通常可以用以下方法联系：拨打统一的免费服务电话"116117"，获得当地及当时值班的急诊诊所信息。除此以外，还可以尝试拨打熟悉的当地医生的诊所号码，在电话的自动留言中通常也会提供值班急诊诊所的信息。对于病情不便前往就医的情况，例如高烧，可以寻求急诊医生的出诊服务，通常急诊医生可以提供此类出诊服务。如果有复杂的全面检查、手术，理疗或者需要观察、住院、急救等，都要拿着医生的诊断书去医院救治。病人看完病之后，看病费用由医生和医保机构直接结算。此外，当病人需要急救时，比如呼叫救护车，只要是经过相关医生确认属于医疗必要的情况（签发相应的证明），费用全部由医保机构报销。

2. 德国医保异地结算特点

（1）社会保险全国统筹。德国的社保体系，包括养老、医疗失业、护理等各个险种都是全国统筹的，全国各地享受的社保待遇都是基本相同的。在社会保障方面，联邦负主要责任，当社保资金收不抵支时，主要由联邦财政进行补贴，地方财政没有补贴义务。基本做到政策由联邦制定，经费由联邦负责筹措，待遇由联邦委托相关机构统一落实。这种方式的优点是保证全国在社保体系上的统一，便于人员的跨地区流动、居住和就业。关于异地就医管理，德国执行的是1971年的1408条例（1408/71）和1972年的574实施细则（574/72）等法律法规。条例规定参保人员可以自由流动，一般适用就业国的法律，条例对欧盟各国参保人员流动时如何享受医疗保险、养老保险、工伤保险、失业保险待遇以及家庭抚恤金的领取都有具体规定。参保人员异国就医享受就医地医疗服务，一般享受就医地医疗保险待遇（异地转诊除外），且在就医的医疗机构就能够结算。

（2）覆盖全国的医保信息平台。德国的医疗保健系统世界上最古老也是最完善的全国医疗保健信息系统之一。德国拥有完善的全民医保信息系统，为全国统一的医保结算提供了强有力的技术支撑。

二、地方分治模式

"地方分治模式"指在国家层面未建立全国统一的医疗保险制度，各地区（州、省）之间存在较大的医保政策差异，给异地就医的医保结算带来多重障碍。这种模式以美国最为典型。美国作为当今世界经济总量最大，也是最发达的国家之一，实行着一种以商业医疗保险为主的医疗保障制度。

在所有的西方发达国家中，美国是唯一没有提供全民健康保险的国家。这是由美国的国情所决定的[1]。一是美国社会的价值观所强调的是个人至上，强调国家不干预或少干预社会经济生活。如果政府统一为居民提供了医疗保险服务，一些医生就失去了治疗病人的自由，因为他们必须完成政府给他们指定的治疗病人的任务；同时，居民也失去了选择医生的自由，居民生病了只能去政府指定的医生和医院看病[2]。二是美国是典型的移民国家，有大量的移民生活在美国，如果都由政府提供医疗保险，政府财政承受不起[3]。三是美国是地方分权的国家，各州都拥有立法权，各州的医疗保障相关法律不同，居民缴纳的税金以及享受的社会福利也有很大的差别，虽然美国州内医保结算无障碍，但在这种体制下，跨州结算却成了难题。此外，美国健康保险的监管立法权限也在州一级，各州监管规则差异较大，健康保险基本不能跨州经办，这就导致商业健康险市场出现"多、散、小"的特征，不仅未能形成制衡供方的

① 任丽娜.美国医疗保险制度演进的新政治经济学研究［D］.沈阳：辽宁大学，2019.

② 朱铭来，陈妍，王梦雯.美国医疗保障制度改革述评［J］.保险研究，2010（11）：36-48.

③ 高阳.医保：美财政预算的沉重负担［J］.世界知识，2014（11）：10.

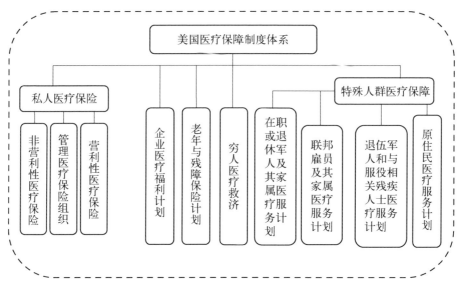

图7-3　美国医疗保障制度体系

市场力量,而且无从实现规模经济产生的降费效应,还因此导致经办商业医保的行政成本居高不下。商业医保市场"多、散、小"格局的另一个后果是,参保者更换工作机构或者居住地时就不得不更换承保机构①。在此医疗保险制度下,美国的异地就医结算模式也呈现出一种极为复杂的状态。

1. 美国医保跨州结算现状

20世纪初以来,美国政府以全民医保、控制医疗费用为主要内容对医疗保险制度进行了持续性的改革,但是改革阻碍重重、进展缓慢。其中,跨州就医报销就是一件比较困难的事情,由于不同州之间的医保政策存在较大差异,跨州医疗费用的计算十分烦琐,居民跨州流动接受医疗服务时,通常无法使用原先购买的医疗保险支付或者报销,但是可以转移或重新购买医保计划,这个需要看具体的保险条款,跨州可以承保的一般只是急诊和紧急医疗救助等。无论是国家举办的医保计划(如

---

① 昝馨,朱恒鹏.透视美国医保体系①作为全球"第五大经济体"的美国医疗系统［EB/OL］.
（2017-01-29）［2022-07-15］.https://m.thepaper.cn/newsDetail_forward_1609664.

Medicare、Medicaid），或者商业保险公司提供的长期医疗保险计划，都难以实现全国范围的跨州直接结算。美国居民跨州流动，若是短期旅行或工作，一般会针对性地购买相关的旅行保险或个别保险公司推出的跨特定州的保险计划；若是跨州长期居住的，则会选择更换为当地保险计划。需要注意的是，美国州内医保结算基本没什么障碍，医保计划提供的资金基本都可以覆盖就医费用。

在美国，居民的医疗档案是存在每一个人的家庭医生那里的。看不看病，什么时候看病，该不该看病，不仅掌握在居民手中，同时也掌握在医生手中。造成这种差异的根源在于美国实行的是分级诊疗制度和双向转诊制度。美国的分级医疗体系是自由、灵活的，它不是由政府机构主导，而是由大大小小的保险机构主导。这些保险机构既可以是营利性的，也可以是非营利性的。美国私人医疗保险机构主要包括PPO（Preferred Provider Organization）和HMO（Health Maintenance Organization）两类。PPO不要求客户自己有家庭医生，允许客户选择自己熟悉的医生，去诊所或专家那里看病，不需要家庭医生的转介绍，而且PPO有网络内医生和网络外医生之分，在网络内看医生，客户出的费用少；在网络外看医生，客户出的费用相对要高一些，但保险公司还是会承担一部分费用。常见的PPO保险有蓝盾公司的PPO计划和Health Net公司的PPO计划。HMO要求客户有自己的家庭医生，若客户想去看其他的医生或专家时，需要自己的家庭医生出具转介绍信，家庭医生出具转介绍信前一般会帮客户联系网络内的医生，并确保客户的保险会覆盖所要保障的内容。如果客户要去看HMO网络外医生，所有看病或者治疗费用都需要客户自己掏腰包（急救除外）。常见的HMO保险有凯撒公司的HMO和蓝盾公司的HMO。根据美国保险政策的要求，购买HMO保险的病人看病首先要找自己的家庭医生[1]，如果

---

[1] 李扬,汤青.美国国民健康现代化案例研究［J］.科学与现代化,2020（5）:83-93.

家庭医生认为有必要，会将患者转诊给专科医生做进一步的检查、诊断和治疗；如果患者的病情需要住院治疗时，家庭医生或专科医生会联系合作医院将患者转入治疗；当患者的病情缓解后，病人再转回家庭医生诊所复诊。

在美国，家庭医生制度被称为医疗卫生体系的"守门人"制度、医疗保险基层就医首诊制度[①]。美国家庭医生的数量占医生总量的80%以上，他们作为初级医疗服务承担者分流了大部分病人[②]。一个人没有生病的时候，家庭医生要负责督促这个人定期检查，监控其健康状况，防止大病产生；同时，还要负责教育这个人，如何更好地维护健康。假如一个人生病了，家庭医生是第一线处理的医生，要根据这个人的医疗档案，用专业知识制订最合适的治疗方案，以及判断是否有必要转诊。

美国的医疗和保险体系是围绕着社区组织体系的，主要治疗产生的费用由医疗社会保障体系和保险供应商支付。如果患者没有通过家庭医生的转诊，直接去看专科医生，很多保险公司是不给报销的（购买PPO这类私人医疗保险的患者除外，他们不用家庭医生转诊，可以直接看专科医生）。保险引导患者就诊习惯最主要的办法之一就是价格差，一方面就是"患者是否通过自己的家庭医生转诊"；另一方面则是医生和医院是否在保险覆盖的网络中。在加入一个保险计划的时候，一般情况下，保险公司会为受益者提供一份医院和医生的列表。该列表把医生和医院分为三类：核心网络资源（core network）、推荐网络资源（preferred network）以及非推荐网络资源（non-preferred network）。三个类别的医生和医院对于患者来讲费用有明显差异的，核心网络资

---

① 彭雅睿，施楠，陶帅，等.分级诊疗实施中家庭医生团队建设现状及对策研究［J］.中国全科医学，2020，23（1）：14–18.
② 周光清，夏瑶，崔华欠，等.我国城市社区健康管理的问题与对策研究［J］.中国全科医学，2018，21（7）：852–855.

源的收费最低，非推荐网络资源的收费最高，旨在以价格差引导患者转诊。需要注意的是，转诊要由家庭医生开具转诊单，再找保险公司认可的专科医生预约，如果擅自找医生，保险公司则会拒付费。而且由于预约要按照规范的流程走，有时患者要等几十天才能得到医生的诊治。美国的医疗机构一般不要求病人当场付款，在看完病后病人会收到它们寄来的账单。如果是政府医疗保险的受益人，在看完病后，病人只需要支付个人自费部分的医疗费，余额由医院直接向相关的政府机构索取。病人看病买药后必须将各种收据证明保存好，以便向保险公司申请报销。

美国是发达国家中唯一没有全民医保的国家。由企业和非营利组织运营的商业医保是美国医保行业的绝对主体，"医疗保险计划"质量决定了保险人能看哪些医生、哪些医院，决定了哪些医疗服务会由保险公司支付。每个买了医疗保险的人都会被分配一位家庭医生和相应的医疗网络。如果不是大病或急病，家庭医生是大多数人看病最常见的初步选择[1]。

而对于跨州就医，有一种情况需要特别说明一下。当被保险人在多个州生活时，健康保险是如何运作的呢？比如你在A州购买了一份医保计划，但是当你一年之后还会在C州生活一段时间，在这种情况下，如果你买的医保计划的网络仅限于州内的供应商（美国大多数个人市场医保计划都是如此），那么，当你在C州生病时，你必须返回A州才能接受网络内的医疗护理。但是有一个例外，美国的No Surprises Act法案规定，当你在C州需要医疗紧急服务时，你在A州购买的医保计划可以在C州享受同等服务[2]。还有一种情况就是，如果你参加了Original

---

① 魏皖琳,冯国忠.基于美国医药分开经验探析加快我国药房剥离的政策[J].中国药物评价,2020,37（2）：140-143.

② SCHECHTER R M, SKLAR D E. No Surprises Act and the provider/patient/payor dynamic backdrop[J]. American Bankruptcy Institute Journal, 2022, 41(2): 8-55.

Medicare，你基本上可以访问全国性的医疗服务提供商网络。你只需要确保在你居住的每个地区都能找到参加Original Medicare计划的医疗服务提供者。总之，健康保险计划通常都有本地化的服务提供商网络，这对一年中居住在多个地方的人来说可能是一个挑战。紧急护理将在计划网络之外覆盖，但你可能需要为非紧急覆盖制订解决方案。具体细节将根据个人是否拥有Medicare（不管是Original Medicare还是Medicare Advantage）、雇主赞助的医疗保险（不管是搬迁还是和工作相关）、自购保险或医疗补助而有所不同。

2. 美国跨州就医结算的特点

（1）医疗保险政策由州政府决定，跨州结算存在难以逾越的壁垒。美国是典型的联邦制国家，包括医疗、医保服务在内的社会服务，一直属于州政府的管辖范围，而非联邦政府的责任，这导致即使是联邦政府举办的Medicare和Medicaid往往也难以做到跨州直接支付。同时，美国各州也有州内的医师执照，如果医生跨州进行医疗诊断，则通常需要先考取另外州的医师执照，这也是美国各州医疗存在巨大壁垒的又一佐证。

（2）商业保险跨州销售与经办被禁止，市场格局呈现"多、散、小"的特点。尽管美国医保体系中商业保险占有的份额最大，但是由于美国健康保险的监管立法权限在各州，各州监管规则的差异较大，健康保险基本不能跨州经办，这就导致美国商业健康险市场出现"多、散、小"的特征，至今未能形成较大的商业健康保险公司。

34.1%：联邦与州政府福利保险(Medicare & Medicaid)，
Medicare的33% & Medicaid的69% 由商业健康险运营

10.2%：个人/小团体直接购买保险 – 个险

56.4%：雇主提供保险 – 团险

图7-4 商业健康参与美国人医疗服务具体情况

美国国家保险委员会的数据显示,2015年,美国保险市场份额排名前十的公司,加起来占有的份额也不过50.8%,其中最大的一家United Health Group Inc.只有11.4%的份额,从第五名开始,每家份额都在4.1%以下[①]。美国商业医保市场"多、散、小"格局的一个重要结果是,参保者更换工作机构或者居住地时就不得不更换承保机构。如何逐步打破各个州在医疗标准、费用结算、保险政策规定等方面的巨大差异,是美国需要首先考虑的问题之一。美国前总统特朗普在任时曾提出过关于允许商保企业跨州销售与经办的法案,囿于多种原因未被通过。其中一个主要原因是美国医保专家认为此法案既不会降低保费也不利于规范市场,反而会使商保公司搬迁至监管政策最宽松的州,进而使整个国家的实际医疗保障政策由最宽松的州决定。

（3）针对短期跨州旅行,以商业旅游医疗保险作为补充。美国保险公司推出了短期居住地变更时需要的医疗保险服务,来满足部分人群异地就医的需求。投保人在外出旅游或者其他短期出行时,可以通过购买此类保险为自己就医加上又一层保障。如果需要长期异地就医,则可以申请购买就诊地的医疗保险。

三、统分结合模式

"统分结合模式"是指在国家层面建立全国统一的医疗保险制度,虽然各地区（州、省）之间存在一定的医保政策差异,但是各地区间通过一定的方式协作解决了异地就医结算的问题。此模式以加拿大为代表。加拿大是世界上拥有最好的医疗保险制度的国家之一。加拿大的全民医疗保障体系始于20世纪40年代末期,在这之前,加拿大只有付得起钱的人才能享受医疗保健服务[②]。1972年,加拿大各省和地区均已

① 昝馨,朱恒鹏.透视美国医保体系①作为全球"第五大经济体"的美国医疗系统［EB/OL］.（2017-01-29）［2022-07-15］.https://m.thepaper.cn/newsDetail_forward_1609664.
② HU WEIMIN,洪琪.加拿大全民医疗保障系统一瞥［J］.国外医学（社会医学分册）,2003（2）:69-72.

实现将私人医生门诊费用纳入公费医疗计划，至此加拿大形成了具有
广泛性（包括所有的医疗和必需服务）、普遍性（所有的公民都享受免
费医疗，费用由省政府支付）、可及性（覆盖率为95%）、可移动性（可在
加拿大境内任何地方使用）、非营利性等特点的医疗保障体系。该体系
可分为公费资助的医疗卫生服务（如必要的公共和私人医疗服务）、私
人或雇主付款的补充性医疗服务（如眼科和牙科诊疗）、公费和私人资
金共同承担的某些服务（如处方药和家庭护理）、公共卫生体系等不同
部分。在此背景下，加拿大的异地就医医疗保险制度也呈现出省域概
念强的特点，但各个省之间的合作打破了这一壁垒。

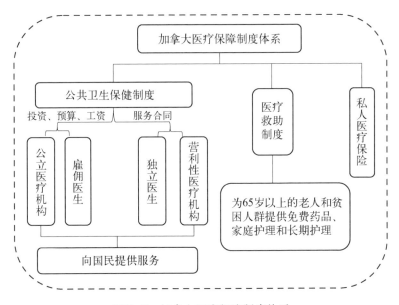

图7-5　加拿大医疗保障制度体系

1. 加拿大医保跨省结算

　　加拿大的医疗政策是由联邦政府制定的，奉行的是全民优惠的方
针。通过公共的医疗保险计划，给所有符合资格的人（包括公民、移民
以及难民等）提供医疗服务。根据加拿大的医疗保险制度，在多数省份
使用医护服务时不必直接付费，这些服务的费用是用政府的税收来支

付的[①②]。不过,与美国类似,加拿大也是联邦制国家,各个省的政策自主性较强,不同省份的医疗保障计划存在较大差异。为满足国民跨省流动产生的异地医保结算需求,对于临时性的、短期的跨省就医,加拿大各省之间(除魁北克省外)均签署了医保的跨省结算协议,根据协议由就医省份承担所提供的必要服务费用,随后再向健康卡所在省份收取报销费用[③]。协议圈定了可以直接结算的医疗服务范围,包括医生服务(walk-in诊所)以及公立医院提供的医疗服务(如急诊、诊断、实验室化验等),协议涵盖范围内的服务原则上参考原省份收费标准,只要患者携带有效的健康卡,便可以方便地对协议范围内的医疗服务进行跨省就医结算。患者在就诊省就医和原省收费标准的差价,由政府的专项财政资金补贴托底支持,这为各个省份的医疗财政资金免去了后顾之忧,同时也能够保证异地就医患者能够享受到优质的医疗服务。

　　同时,加拿大的医保无"户籍"限制,对于长期异地居住的人员,可以通过提交规定材料申请当地的健康卡,即可获得和本省患者相同的健康卡,从而可获得相应的医疗服务。另外,当居民在加拿大境内出行时(魁北克除外)所发生的急救费用会自动转到居民所在省份的医疗保险中进行结算。如果居民没有携带有效的健康卡,可能会被要求自己预先支付现金。

　　2. 加拿大跨省就医结算特点

　　(1)长期异地居住的居民可以便捷申请当地医保卡。如前所述,由于长期异地居住的居民可以较为方便地申请长期居住地的健康卡以享有更好的医疗保障服务,所以长期异地就医的结算问题得以制度性

① 新移民必看! 安省移民生活指南之医疗篇[EB/OL].(2016-08-26)[2022-07-15]. https://www.sohu.com/a/112627811_382429.

② NIKA, GERRI.Canada's provincial health plans [EB/OL]. (2019-12-11)[2022-07-15]. https://sbis.ca/canadas-provincial-health-plans.html.

③ ALLONTARIO TEAM.OHIP coverage across Canada [EB/OL]. (2016-05-08)[2022-07-15]. https://www.ontario.ca/page/ohip-coverage-across-canada.

消除。比如在安大略省，加拿大国民只要符合以下条件就可以申请健康卡：12个月内在安大略省至少居住153天，在安大略省居住的前183天内至少在安大略省居住153天，希望长期居住在安大略省。换言之，只要6个月以上常住，即可申请①。

（2）短期跨省就医，政府仅保障省外必要的医疗保健服务。在加拿大跨省就医结算中，各省官方医保计划仅保障"必需的"医疗保健服务，其他服务由有针对性的私人保险予以补充。各省政府均推荐居民在离开本省时购买其他私人补充保险，包括专门的旅行险等，以涵盖可能需要的其他医疗服务。

（3）省际紧密合作，是居民异地就医结算的保障。加拿大虽然没有和德国一样建立全国可通用的健康医疗卡，但是加拿大通过各个省份之间的协作协议，圈定了跨省之间可以直接结算的医疗服务范围。省份之间的直接结算，省去了投保人作为中间人的报销结算流程，大大提高了患者异地就医费用结算的效率，同时保证患者在异地也能接受优质的就诊服务。各个省份之前的协作方式是按照联邦政府1966年向议会提交的协作法案推行的。该法案授权联邦政府向各省提供财政支持，分摊其医疗保健成本②。

为了获得联邦财政支持，各省计划必须：① 由公共机构负责管理，明确各省政府的责任。各省通过各种方式为医疗保健支出筹资，主要包括特别保费、目的税与一般收入，或三者的某种组合方式。在全国范围内，一般收入是主要筹资渠道。② 向所有被保险居民提供规定的服务。③ 覆盖本省所有的居民。④ 居住时间不足3个月也可以享受医疗保健保险。⑤ 覆盖范围扩大到全体跨省迁移的加拿大人。原则上，一个省的居民可以在其他任何省接受医疗保健服务。但是，管理这些非

---

① 移民登陆之后，健康卡怎么拿？［EB/OL］.（2019-02-13）［2022-07-15］.https://www.sohu.com/a/294455158_100001731.

② 陈滔，叶小兰，方辉军.社会医疗保险［M］.成都：西南财经大学出版社,2019: 12.

本地居民的医疗保健会遇到如下管理问题：各省之间的收费方式、付账方式与会计标准都不相同。现在，除魁北克省以外的9个省已经签署跨省协议，使本省居民可以更加方便地在外省享受医疗保健服务。

以加拿大的安大略省健康保险计划（OHIP）为例。在这种情况下，患者无须支付任何费用；或者向患者开具账单，在向OHIP提交适当的文件和发票后，患者将获得OHIP费率（或低于账单金额）的报销[①]。不过，此承保范围（虽然在省外但在加拿大境内）仅适用于医生和医院服务。因此，在安大略省以外但在加拿大境内旅行时，卫生部会建议居民为非医生/非医院服务购买私人补充健康保险[②]。

四、主要发达国家异地就医结算经验总结及对我国的启示

（一）经验比较与总结

通过对三种结算模式的分析与比较，可以发现不同的模式在异地就医医保结算问题上有着巨大的差异。全国统一模式实现异地就医便利结算比较容易，基本上是从根源上解决了这一问题；而地方分治模式，由于地区（州）之间差异过大，异地就医结算问题较为严重，解决起来相对困难；统分结合模式则居于二者中间。

具体来看，德国的一卡通制度，实现了就医"异地"而结算"不异地"的效果，使异地就医的便捷与结算的便利有机结合。英国的NHS体系虽然有GP"守门人"制度的存在，导致异地首诊时需要增加更换GP的操作，但由于是全国统筹体系，总体上基本不存在结算问题。加拿大虽然存在省与省之间的分隔，但由于整体制度的基本统一，加之有

---

① Understanding your out-of-province government medical coverage [EB/OL].(2020-08-25)[2022-07-15].https://www.rbcinsurance.com/en-ca/advice-learning/travel-insurance/understanding-your-out-of-province-government-medical-coverage/.

② ONTARIO MINISTRY OF HEALTH AND LONG-TERM CARE. Studying, working or travelling to another province or territory within Canada [EB/OL]. (2015-03-09)[2022-07-15].https://www.health.gov.on.ca/.

普遍的省际协议，也基本保障了居民异地就医结算的需求。但在美国，由于州的相对独立性以及对跨州医疗保障的警惕性，致使总体上很难实现异地就医费用的跨州结算，居民跨州流动时只能通过购买短期医疗保险为自己加上一层保障。

综上，能够在异地就医结算问题上取得一定成效的国家，都采取了"全民保险"的形式，实现了在省际及全国范围内的统筹，当然这需要有充足的国家医疗保障资金和国内相对均衡的医疗卫生水平作为支撑。此外，为了避免长时间的异地就医结算，大部分国家采取了比较便捷的医保关系变更策略，长期异地居住的患者可以较为方便地在居住地参保，从而获得与当地居民同等的医保待遇与服务。比如英国可以通过变更GP注册就可以实现当地化待遇。加拿大的长期异地居住的人员，可以申请当地的健康卡。美国居民跨州流动时也可以通过购买医疗保险的形式来获得保障。不过需要注意的是，美国居民买保险之前要尽量了解清楚保险条款。比如打算转校或跨区域流动，需要了解清楚保险是否能够跟着人走，即之前购买的医疗保险能否退款取消，或者跟着自己转到新学校或另一地区。

由于制度的统一或者参保的可变更性，四个国家长期异地就医结算问题并不突出；但是要保障短期异地就医结算，要么通过制度的统一，要么就需要区域之间的紧密协同，否则效果就难以保证。当然，无论是统一还是协同，都需要有充足的国家医疗保障资金和国内相对均衡的医疗卫生水平作为支撑。

（二）启示与借鉴

虽然世界各国的医疗卫生体制和福利水平等都有别于中国，但他山之石也有可供我们学习借鉴之处。基于前文对于三种典型异地就医结算模式的分析，对于我国的启示与借鉴可以总结为以下四点。

1. 提高医疗保险统筹层次

从几个国家的典型案例不难看出，出现异地就医结算问题的国家，其医保统筹层次都比较低,不同区域的医保政策差异显著。若能够如英国、德国等国家那般实施全国范围的医保统筹政策,异地就医结算难问题应能迎刃而解,这是一个根源性的解决方案。然而,我国疆土辽阔,不同区域在财政实力与医疗资源方面不均衡的现实长期存在,提升医保统筹层次并非简单之事,提高医保统筹水平仍需要分层次、分阶段逐步推进。

2. 推进长期异地居住、工作人员医保关系的便利转换

异地就医大致可以分为两类:一是短期旅行中产生的异地就医;二是长期异地居住、工作产生的异地就医。从美国、加拿大的典型案例可以看出,两国在异地就医结算问题上的主要解决方式,是针对这两类需求采取了不同的医疗保障手段:对于短期的、临时的就医需求,采用临时旅行保险来保障;对于长期的异地居住,则通过医保关系的便利转换来实现医疗保障。其中,医保关系的便利转换,能够使长期异地居住的居民直接享受当地医保待遇,从而解决异地结算问题,是一个有效的、根源性的解决方案。

3. 合理有序推进医保政策的统一

从我国医保体系的现状来看,我国所推出的城乡二元医保体系,遵循了"因地制宜"的原则,符合我国当下的经济发展现状,在某一个阶段具有可行性。但随着我国经济发展水平发展带来的城镇化水平的提高,以及我国人口户籍制度的完善和人口流动速度的加快,地区为主的就医管理模式必然会阻碍社会发展进程,加大城乡和地区之间的医保差异,进而加大地区之间的管理难度,最终导致参保人因所在地区不同,所享受的待遇不同,从而造成社会不公,进而引发一系列的社会问题。所以,在协商平衡各方利益主体的基础上,合理有序推进全国范围内医疗保险政策的统一,减小"二元"差异带来的影响,是缩小医疗保险的差异,解决异地就医结算的主要途径。因此,需要从报销结算比例、顶封线等入手,缩小医保政策的差距,进一步缓解不同区域间因医

疗保障政策不同而导致的资金对接困难和医疗信息传递困难的问题，从而推动异地就医结算的高效开展。

4. 搭建高效的信息共享平台，加强医保跨省协作

异地就医结算是一个复杂烦琐的信息处理过程，同时还会涉及跨省市医疗机构的信息共享交换，所以建立全国范围内统一的医疗数据信息互通平台，实现信息的共享对于提高异地就医结算的效率尤为有效。第一，可以扩展居民医保卡的使用范畴。居民个人医保卡除了现有的可以验证个人身份信息之外，还可以拓展其他功能，比如可以自带电子病历功能。第二，在能够实现均衡各方利益主体的基础上，进一步提高信息完善的技术标准，从而保障居民个人就医信息在不同省市和不同医疗机构的有效衔接，以实现居民就诊信息的有效传递。同时，也需要保证信息平台系统的安全性。因为跨省市共享的信息平台具有信息流量大的特点，就存在巨大的信息泄露风险，只有严加防范才能避免信息的泄露，从而保障异地就医费用结算的有序进行。

欧盟跨境就医结算

在异地就医结算的制度建设上，除了国家内部的结算外，欧盟跨境结算的经验也很值得我国借鉴。欧盟内部包含了众多成员国家，其内部一体化的进程更增加了异地就医的需求。因此，在异地就医方面，欧盟有更加成熟的管理经验值得我国借鉴。但是，国外学者直接研究异地就医即时结算的研究成果比较少，现有研究集中在欧盟各成员国之间的医疗保险转移接续问题和异地跨国就医管理模式上。在分析学界现有的文献后，我们梳理出欧盟在跨境就医结算上的管理特点和可供我国借鉴的经验。

（一）欧盟跨境就医结算现状介绍

1. 欧盟跨境就医的历史渊源

跨境就医是指欧盟公民在其来源国以外的其他成员国接受医疗服务。长期以来，欧盟国家间的跨国异地就医是一个非常普遍的社会现象，因此，如何保障和提高患者流动性是欧盟政治议程上的一个重要方面。根据德国 Techniker Krankenkasse 医疗保险公司估计，该公司 2003 年约有 7% 的参保人跨国接受非急诊医疗服务，而在 2008 年该数字上升至 40%。早在 20 世纪 70 年代，欧洲国家之间的异地就医便引起欧洲经济共同体的注意。此后，一系列政策与机制相继出台，如社保协调法规 883/2004 号条例，用于保障欧盟各国家的国民/社会医疗保险参保患者能够在欧盟其他国家接受医疗服务，并且报销费用。2011 年，欧洲议会和欧盟理事会通过了《患者跨境医疗权利指令》(Directive on the Application of Patients' Rights in Cross-Border Healthcare)（以下简称第 2011/24 号指令），规定任何拥有社会医疗保险的公民均可在欧盟流入国接受医疗服务并在流出国得到报销，只要所接受的医疗服务同样被其在流出国所参保的医疗保险覆盖。

2. 欧盟跨境就医的法律框架

当前欧盟关于公民跨国就医服务与管理的法律框架主要由社保协调法规 883/2004 号条例、第 2011/24 号指令、相关具体实施条例以及一系列欧洲法院判别法组成。第 883/2004 号条例最初是在欧共体第 1408/71 号条例的基础上演变而来的，于 2004 年被欧洲议会批准通过。它规定了欧盟成员国之间的社会保障协调机制，并认为在事先获得授权的情况下，欧盟公民可跨境接受医疗服务，相应费用可从来源国社会保障计划中报销。2011 年，在综合第 883/2004 号条例以及一系列欧洲法院判别法的基础上，欧盟通过和发布了第 2011/24 号指令。与先前第 883/2004 号条例仅强调基本保障不同，第 2011/24 号指令强调赋予患者更加全面和丰富的跨境医疗权利。如该指令允许所有欧盟公民可无须事先获得授权便可在欧盟任何国家接受医疗服务，或规定仅在特定情况下需事先获得授权后才接受跨境特殊医疗服务。但事先授权制度在该指令中被视为跨境医疗费用报销的例外规定，即对可以适用事先授权制度的医疗服务种类做出了限制规定。同时，该指令更加强调欧盟各成员国之间在医疗服务领域的协同合作应当更加深入。具体措施如各成员国建立国家联系点，向患者提供跨境就医信息；促进各国医师处方的互认，即患者来源国应认可流入国服务提供机构所开具的处方，提高医疗服务的可接续性等。

　　3. 欧盟跨境就医的公共服务平台搭建

　　欧盟的公共服务信息平台在实际应用和理念构架上都很先进，值得世界其他国家和地区学习借鉴。事实上，高效、安全且拥有足够容量的居民个人医疗信息跨地区共享平台，是有序稳步解决异地就医问题的核心。

　　个别国家的经验推动了整个欧盟的公共服务信息平台建设。早在2000年，英国政府便发布了第一版的《电子政务互操作框架》（e-Government Inter-operability Framework）。之后英国探索了政府部门的电子系统"政府入口"，该系统将政府各部门的门户网站、公民使用的网络及商业部门的网络，以前端应用和后台建设相结合的方式串联起来，形成一个有机互动的整体，共同提供安全保障。这个服务平台不仅实现了资源共享和政府协调服务，而且全年无休一直运营，真正体现出一站式服务宗旨。2004年，欧盟制定出《泛欧电子政务服务互操作框架》（EIF1.0）。该框架的目的是保障跨境就医业务的协调统一，利用统一的信息平台和基础设施构建跨境就医服务系统。到了2009年，欧盟委员会发布了《欧洲交互操作战略》（European Inter-operability Strategy,

EIS）和《欧洲交互操作框架》（European Inter-operability Framework, EIF2.0）。这些平台为欧盟内部居民跨国就医信息共享提供了更加安全、便利的信息流动渠道。

4. 专门的跨境医疗管理机制

专门的跨境医疗管理机制主要由六个方面组成：① 欧盟卫生部长会议，是由欧盟委员会高层领导和各成员国卫生部部长参加的会议，共同协商欧盟医疗保健事业的发展；② 数字医疗工作组，是由医疗保健领域的专家和技术专家组成的咨询组，宗旨是用信息手段为欧盟成员国提供更好的医疗服务；③ 欧委会主管部门，在欧盟跨境医疗管理机制中发挥核心作用，是全部组织中的执行机构，主要是提出欧盟跨境医疗相关规划，负责合作项目的推广和协作；④ 成员国主管部门，按照审核后的政策文件对本国相关政策进行修改，向欧盟委员会提出建议；⑤ 国家职能中心，主要是执行跨境医疗政策；⑥ 欧洲法院，主要是受理相关跨境医疗纠纷，并依据典型判例立法。

5. 制定统一的跨境医疗政策

欧盟全体成员国于2013年通过了《患者跨境医疗权力指令（2011/24/EU）》，该指令的目的是保证成员国的参保患者能在欧盟范围内接受跨境治疗，并能报销相关医疗费用。这一指令增加了患者权利和服务范围，使报销原则更明确，是目前欧盟统一的跨境医疗政策。该指令规定跨境就医需使用统一的技术和标准制定的医疗服务卡和登记表，这样有利于识别和认证。医疗服务卡是跨境就医的结算证明。在患者权利方面，该指令赋予患者在欧盟内任何医院，包括公立和私立医院接受医疗服务并报销医疗费用的权利，就诊时有一定的延续性，强调了异地就医的连贯性，患者有权在接受医疗服务之前被告知各种治疗方案以便做出选择；该指令对不能获得跨境服务的范围做出例外规定，规定之外的都是符合治疗范围的。另外，该指令对一些治疗项目做出规定，患者在经过本国授权后才可跨境治疗并报销，这相当于扩大了患者享受服务的范围；在报销原则方面，规定患者来源国依据本国的标准和患者参保情况负责报销本国跨境就医患者的医疗费用，而服务提供国需要对跨境就医的过程进行审核，并向患者来源国递交审核结果，还要和治疗者沟通就医的情况，如果服务提供国没有完成这些工作，出现问题后提供国就要承担相应责任并且支付医疗费用；该指令没有硬性规定欧盟成员国必须建立国家间的联络站，但是有鼓励性条文，对促进医疗成品使用、卫生技术评估机构合作、医疗处方认证、电子服务系统改善等做出规定。

例如德国的医疗保险参保人所持有的医保卡（欧洲健康保险卡），既能在德国国内进行就医结算，又能在欧盟范围内进行健康保险结算。因为德国国内的医疗政策较为统一，因此其医保卡可在德国境内随时随地刷卡使用；而在欧盟范围内的医保卡都具有即时结算功能，能保证拥有该卡的人能在欧盟范围内实现自由就医。例如，德国参保者假如想去西班牙就医，凭借手中的医保卡就能在西班牙任何一家医院和药店就医，并能享受约七成的报销比例，同时，该医保卡可随时与疾病基金会下属的保险公司结算，便于就医者及时进行跨境就医结算。

（二）欧盟跨境就医结算经验对我国的启示

他山之石，可以攻玉。我国可以通过学习别国的先进经验，结合具体的国情设计出富有中国特色的异地就医解决模式。首先，欧盟是在各成员国成立之后才成立的组织，各国的医疗保险体制各不相同，跨境医疗结算较为困难；中国幅员辽阔，省份众多，不同地区间的基本医疗保险制度各不相同，衔接起来很困难，不利于异地就医结算。其次，2015年欧盟成员国中，GDP排名第一的德国达到33 156.4亿美元，最后一名马耳他只有82.9亿美元，差距很大，这与我国不用地区间的GDP差距很大类似,都给建立统一的医疗保险制度带来了阻力,基本医疗保险异地就医结算政策的推进也因此受到阻碍。欧盟之所以能让各成员国公民都能享受跨国结算带来的就医便利,是因为其最大的优势就是顶层设计完善。在健全的政策法规要求与带动下,各国、各部门协调运作,在实践与发展中不断总结经验、改进机制。欧盟委员会作为最高级别的管理机构,不断促进欧盟跨国就医体系的信息系统建设,推动资源流动和信息共享,也为欧盟的经济发展做好基础保障。

第八章

未来展望

长三角地区异地就医门诊费用直接结算工作全面推进以来,各项工作有序平稳开展,完成了阶段性目标任务,取得了良好的社会效益,各界对这项惠民便民工程给予了高度评价。然而,全面做好异地就医门诊费用直接结算工作仍然任重道远。当前,我国异地门诊就医费用直接结算试点工作已在更大范围内试点,继长三角三省一市后,京津冀与西南五省区市也被纳入了新一轮的试点范围①。这意味着,长三角在推广成功经验的同时,也将迎来更大的挑战,需要长三角各地政府进一步关注和重视,加大投入,掌握新情况,解决新问题。为此,本章在借鉴国际经验的基础上结合专家意见与团队思考,从短期、中期、长期三个层次,对长三角乃至全国异地就医直接结算工作未来的发展提出了建议与展望。

一、短期优化措施

(一) 打通数据壁垒,实现信息互联互通

从上一章的国际经验可知,建立统一的信息平台,实现医疗及医保信息的互联互通,是妥善解决异地就医结算问题的必经之路。然而,由于原先碎片化的管理,数据编码不统一而造成的"语言不通"已成为目前信息互联互通的最大障碍,打通数据壁垒,统一"语言体系"势在必行。

1. 落实医疗保障信息标准化建设

信息业务编码标准是建立全国统一的医保信息系统的基础和突破口。2019年10月,国家医疗保障局颁布了《关于印发医疗保障定

---

① 国家医疗保障局 财政部关于推进门诊费用跨省直接结算试点工作的通知[EB/OL].(2020-09-28)[2022-07-15].http://www.gov.cn/zhengce/zhengceku/2020-10/02/content_5548965.htm.

点医疗机构等信息业务编码规则和方法的通知》，15项医保信息业务编码标准已全部完成。2021年，我国已在全国范围内开始医保信息编码贯标工作，即按照"统一分类、统一编码、统一维护、统一发布、统一管理"的总体要求，将医保药品、医用耗材、医疗服务项目、医药机构和医护人员等信息变成全国医保的"通用语言"，打通区域数据壁垒，实现全国层面数据互认，逐渐形成"纵向全贯通、横向全覆盖"的医保标准规范的编码体系，在异地就医等医保业务领域发挥重要的基础性作用。

2. 建成长三角异地就医结算综合大数据平台体系

一是以医疗保障大数据为核心，以构建业务经办体系、应用服务体系、基金监管体系、数据支撑体系、基础设施体系为基础，承上启下，创新医保服务、经办、管理、监管手段，支撑医保业务经办、管理决策、监管的提质增效。二是建成长三角地区统一的方便可及"大服务"、规范高效"大经办"、智能精准"大治理"、融合共享"大协作"、在线可用"大数据"、安全可靠"大支撑"的信息化平台。三是通过全面打通医疗保障的政策规划、待遇保障、支付管理、医药服务管理、智能监管等多个环节，实现互联互通、融会贯通、闭环管理，并确保长三角医疗保障异地就医结算一体化运作。

3. 推进长三角地区医保信息的共建共享

在统一编码体系的基础上，长三角还应积极探索医疗、医保信息的跨区域共享机制。调研显示，目前在长三角异地就医的信息只传大类并不传明细，且传输十分滞后，这使得参保地对参保人异地就医行为的监督与管理难上加难。长三角应积极探索建设区域性医疗保障信息共享平台，建设统一的电子档案系统，归集整合各业务领域的基础信息，借助互联网科技的优势，实现长三角各个地区的医疗保障资料共享，进一步提升监管成效与服务水准。譬如，建立跨地区患者的基础性资料库，让定点医保单位掌握跨地区就诊群体的大致状况，医保管理部门也能在第一时间熟悉并掌控患者的医疗行为与支付情况；在经济发达的地域，搭建互联网科技平台传送资料，实现信息交互，办理在线跨地区开支审查、核算与付款等流程。

4. 做好长三角异地就医结算数据运营、维护与人员配备

网络结算系统是实现异地医保互联互通的关键，保障其稳定运行对异地就医门诊结算工作的顺利推进至关重要。要想做好结算系统的搭建、完善及运维工作，推动相关工作更好地开展，让人民群众能够获取更多的利益，医院、人民、政府之间必须互相信任和扶持，并有效地进行沟通和交流，各个部门必须认识到自身的义务和责任，避免平台建设中出现相互推诿的情况。此外，我们要正视医保异地联网结算工作本身的复杂性，以及不同地区不同机构的信息化建设，在硬件、软件、人员上的不均衡与不充分。在明确主体责任的基础上，各地各机构应当继续加大信息化投入，可以在财政、人事政策上予以一定的倾斜，优先保证基础设施与运维人员配置到位。

（二）推进数字转型，完善医保经办服务

在各地完善异地联网的同时，进一步推进长三角医保经办服务的数字一体化，在医保待遇关系转移接续、异地就医备案、医保移动支付等方面，切实做到"让数据多跑路，让百姓少跑腿"，让长三角的群众在一体化发展中有更多获得感。

1. 推进医保经办数字化转型

聚焦医疗保障民生领域的"难点、堵点、痛点"问题，对民生服务事项实施精简优化、流程再造。其一，推进"互联网+医保"。全面推动医保经办服务事项一网通办、一站式联办、一体化服务，逐步将医疗保障各项经办政务服务事项推送到互联网终端和移动终端，通过让"数据多跑路"，打通医疗保障经办政务服务的"堵点"，不断提高经办服务的便捷度。其二，明确经办内容，逐项优化服务流程。对医保政务服务事项进行最小"颗粒化"梳理，明确事项名称、受理单位、服务对象、办理渠

道、办理流程、申报材料、办理时限、查询方式、监督电话和评价渠道,细化到每一个经办流程环节;以"减材料、减环节、减时限、减跑动次数"为抓手,大力推行首问负责、一次告知、承诺制等制度,落实医疗保障服务"好差评"制度,强化评价结果的运用,适时组织第三方机构开展医疗保障系统行风满意度评估,做到工作目标向群众公开,办事流程向群众承诺,工作绩效由群众评价,确实存在问题的做到立行立改。其三,以培养业务精、政策通的"多面手"为目标,开展岗位练兵、技能比武、业务培训,从方便群众的角度设计、全面推行一个窗口和一站式结算服务(即柜员制服务),医保服务实行全程代办,即前台受理、后台审核,实现一个窗口通收通办,变群众办事"多头办理"为"一窗受理",变"群众奔波"为"信息跑路"。

2. 推进医保电子凭证异地刷付

随着手机支付的普及,越来越多的人已习惯出门不带卡。近年来,我国医保部门一直在推广医保电子凭证的使用,这对老百姓来说,既带来了方便,也能够较好地解决支付失败的问题(如没带卡、三代社保卡升级导致刷卡失败等)。然而,目前医保电子凭证还不能完全支持跨省异地的自由支付,建议长三角在全面升级医保系统的基础上,开通医保电子凭证异地刷,以有效解决当下仍频繁遇到的异地刷卡失败的问题。

3. 统一医保经办服务流程

从碎片化逐步走向统一,形成全国医保"一盘棋"的局面,是未来医疗保障体系改革的重要方向之一。然而,限于不同地区之间还存在较大差距,医保目录、待遇及相关政策难以在短期内做到全国统一,这种情况下可以优化医保经办服务流程为抓手,在全国统一医疗保障的经办流程,包括统一办理材料、统一办理时限、统一办理环节、统一服务标准和服务质量等。如异地就医直接结算的备案流程,可以优先做到全国统一,而不是每个参保地不一样的备案流程。

（三）加大政策宣传，普及异地结算政策

1. 正视政策宣传对政策实施的重要作用

有关部门需继续加强对异地门诊直接结算相关政策的宣传力度，让更多的人了解优惠政策，减少异地结算患者盲目选择额外的治疗，减轻患者的经济负担。政策宣传不仅能够使异地就医人员加深对政策的理解和认同，减少不必要的矛盾，还能引导异地就医人员合理运用政策。

2. 进一步丰富政策宣传渠道

一方面整合现有民政、人社、财政等部门的相关政策，以长三角区域合作办公室为依托，建立统一的异地门诊结算政策信息发布平台，及时发布异地结算政策及执行情况等信息，为异地就医人群准确获取政策提供保障；另一方面在运用现有政策宣传渠道的基础上，充分运用"互联网＋政务服务"理念，利用微信、微博和抖音等新媒体，及时向企业人事发布相关政策信息并提供政策咨询服务，利用社区及街道公共平台及信息公布栏，及时向异地安置人员、长期居住人员发布相关政策信息。力求从多角度出发，形成一条生动形象而有效的宣传路径，提高异地结算政策宣传的覆盖面和知晓度，让有异地结算需求的患者能够了解新的政策和要求，更好地保护自己的合法权益。

3. 对异地就医的重点人群开展更有针对性的定点宣传

社会人口老龄化程度加剧，加上老年人投靠子女帮助照顾孙辈成为常态，这就导致老年人成为异地门诊就医的"主力军"；同时也因对新政策接受能力弱、理解不全面，使老年人成为零星报销的"重点人群"。加强针对老年人的政策宣传，可以使宣传工作更聚焦，达到事半功倍的效果。一方面对老龄人进行有针对性的政策普及，如深入社区为老年人开办讲座，在老年人经常活动的地区投放便于老年人理解的宣传资料等；另一方面在门诊、经办等流程上对老年人进行针对性的优化，可以在导医环节对老年门诊患者进行医保异地直接结算的预审，帮老人提前把好结算关。

二、中期完善建议

（一）推进医保基金的监管创新

医疗保障基金都是人民群众的"救命钱"，通过有效的监管手段确保医保基金的安全有效使用，既是重大的民生问题，也是重大的政治任务。由于监管失效，异地就医一直是医保欺诈行为的重灾区，未来应重点加强对异地就医活动的监管，通过创新监管模式保障医保基金的安全。

1. 探索完善跨区域与跨部门协同监管模式

当前异地就医行为和异地就医费用难以有效监管的重要原因在于区域间与部门间的利益协调机制尚未有效建立，监管网络薄弱单一，仅靠参保地医保机构很难实现对异地就医患者的就医行为和就医地医疗机构的有效监管。

（1）成立长三角区域协同治理联盟。发挥区域联盟在政策法规共商、信息技术共享、人员队伍共查、监管措施共鉴等机制上的集约优势，通过跨区域协同监管，产生"1+1＞2"的监管效果。其一，归纳总结长三角三省一市异地门诊直接结算的操作流程和管理方法，形成合适的规章制度与办事流程，将实践所得的跨区协同成功经验固化为长效管理机制。其二，可以在长三角区域创建一套完备的协调系统。规定和授权各地的医保机构对跨地区就诊者在医保定点医疗机构产生的医疗活动进行监督管理，并将医疗数据及时与参保地医保机构共享，同时将这一环节纳入对医保定点医院的业绩评估参数中，这样既能降低行政成本，也可以促使双方形成合作共赢的局面。

（2）加强部门间协调监管。异地就医直接结算涉及多个责任监管部门，包括医保部门、卫健部门、市场监管部门、公检法等，各监管部门应明确自身在异地就医结算出现监管问题时的职责，要主动承担责任，避免互相推诿。要对在异地门诊结算过程中可能出现的问题进行预测和分析,制定合适的办法来衔接各个统筹地区不同的政策,尽力把问题消灭在萌芽阶段,做到防患于未然。

加强部门间协调监管,具体应做到以下五点:① 建立监管信息互通目录,确保多部门联动的常态化和可操作性。已有经验表明,被监管的企业或机构在一个监管领域的违法行为,经常预示其在另一个监管领域也可能存在违法行为,因此,共享信息极为重要。在对医疗保障基金的使用进行监管时,医疗保障行政部门应当加强与有关部门的信息交换和共享,创新监督管理方式,推广使用信息技术,进而建立全国统一、高效、兼容、便捷、安全的医疗保障信息系统,实施大数据实时动态智能监控,并加强共享执法数据使用全过程管理,确保共享数据的安全。每月与相关部门进行信息交换,医保部门每月将定点医药机构的处罚信息提供给相关责任部门,并接收其他部门对定点医药机构的相关处罚信息。② 行政处罚互认,对部门间的处罚结果进行互认,联动处罚,医保部门每月将医保违规案件推送给卫健委、市场监管局等部门,作为其他部门的重点监管对象。③ 建立快速处置机制,尤其是要建立与公安部门联动的快速处置机制,医保部门发现定点医药机构有欺诈骗保等违法违规情况,将案件移送给公安部门,公安部门应快速介入调查。④ 医保部门与各省区市的信用中心进行"信用"联动,对医药机构在医保定点准入、日常监督检查、协议管理考核等方面实行信用分级分类监管,真正形成了部门间信息互通、结果互认、成果共享、力量叠加的监管格局。⑤ 加强联合执法,充分发挥各方专业能力优势,增强联动处罚效果。在保持各个执法部门独立性的前提下,设立一个协调委员会或其他协调机构来协调执法,即"协调"方法。由于医疗保障基金监管涉及医疗保障、卫生健康、中医药、市场监督管理、民政、财政、审计、公安等多个行政执法部门,这些部门的职能并非只是为了应对同一种风险,因而不宜将这些部门合并成一个执法机构。故对医疗保障基金的使用进行监管应采用协调方法,即每个执法机构通过协调机构和相关协调机制与其他执法机构讨论、分享执法信息，协调执法安排，无须机构合并重组。采用协调方法，通常在每个相应监管领域安排一个"牵头协调机构"。该机构可以向其他机构通报其实地检查发现的结果，也可从其他机构获得相应信息。通过这种"互为耳目"的方法，可提高违法行为被发现的概率，改善执法检查效果。

2. 利用结算平台的数据优势实现智慧监管

面对数以万计的医保结算数据和日益庞大的"两定"机构，传统医保监管方式往往无从下手。实施异地就医结算，应聚焦于医保监管创新，采用智慧监管手段，充分发挥大数据治理的优势，着眼于新时代医保治理面临的新情况、新问题，大力探索新方法、采用新手段，尤其要紧紧依靠大数据、云计算、人脸识别、人工智能等信息化手段，实现"电脑换人脑、天眼换人眼"，努力实现全覆盖、全过程、全天候智慧监管。

加快智慧医保建设，将"互联网＋医疗健康"有机融入智慧城市建设，促进"互联网＋医疗健康"发展，并推动全民健康信息平台融入长三角区域的跨地区信息平台建设。继续深化与长三角区域先进地区的合作，建立常态化对接交流机制，强力推进卫生健康信息对接平台建设，着力提升信息对接能力。加快建设长三角区域统一的远程医疗服务平台，推动各级各类医院逐步实现电子健康档案、电子病历、检验检查结果的共享以及在不同层级医疗机构间的授权使用，实现卫生健康信息平台与长三角区域平台联通，促进医疗服务与健康管理信息数据在长三角区域各级各类医疗机构及管理部门之间联通共享和业务协同。统一优化结算平台软硬件建设，推动医保异地结算在区域内实现全覆盖，提升医保异地结算的效率与便利性。

3. 持续加强异地就医机构的服务行为监管

规范定点医疗机构临床医生的医疗行为，实现合理检查、合理用药、合理治疗，提供优质的医疗服务，切实维护参保人员的合法权益，建立和谐的医、患、保关系。强化异地就医医疗服务行为的监管是长三角门诊直接结算兼顾安全与便利的重要举措之一。加强对长三角异地就医门诊直接结算医疗服务行为的监管，建议吸纳各地市完善的医保监管经验。

（1）创新标准化体制建设，成立专门的监管部门。面对异地结算欺诈骗保情况，应成立专门的监管部门并进行实体化运作，建立以医保部门为主体、第三方人员为辅助、多部门为协作的监管队伍，内部设综合协调、信息分析、稽核检查等多个工作组，建立情报汇集、联合执法等工作机制，出台工作机制、稽核规程、稽核规范、投诉举报处理规范等一系列规章制度，不断完善标准化、制度化运作模式，并按照《医疗保障基金使用监督管理条例》正式行使行政监督检查的职权，在规范执法中不断汲取经验并逐步完善。

（2）在监管合力上，进一步健全异地监管部门间的共治共管机制。一是完善多部门横向联动，建立部门间定期信息互通目录、执法结果互认条目，确保多部门联动的常态化和可操作性。常态化开展多部门联席会议，部署协调联合行动、案件会商等工作。二是完善长三角区域内纵向联动，在借鉴国家飞检经验的基础上，积极开展长三角区域内飞检工作，组建专业飞检队伍，开展纵向交叉检查。充分发挥第三方监管机构的专业优势，规范引入第三方监管，出台引入第三方监管的规范性文件，优化第三方监管服务的内容，制定了详细的绩效考核指标，将费用支付与绩效目标完成情况挂钩，确保第三方机构监管取得实效。同时，开发上线稽核检查管理系统，将第三方机构巡查检查纳入信息化规范管理。

（3）推进定点医疗机构违规问责制度建设。探索建立公立医疗机构及其工作人员违反医保资金管理规定问责追责制度，规定医保违规问责对象及责任追究范围，明确医保、卫健、人社、纪检等部门问责追责方式和适用情形，形成对公立医疗机构医保违规的制度性约束。进一步推进行业自律,成立保障研究会,设立行业管理专委会,研究行业医保准入标准、行业自律规范、医保定点规划等,开展医保管理经验交流、医院自查自纠等活动,充分发挥行业组织自我服务、自我管理的职能。

4. 引入定点医药机构与参保人的信用管理

信用管理机制可对现有医疗保障监管体系形成有效的补充,能够拓展医疗保障监管内容、丰富监管形式、补充医保监管手段,引导定点医药机构与参保人合理使用医保基金,保证定点医药机构自觉约束服务行为,增强参保人员的法治意识与参与医保监管的意识。

长三角医保异地直接结算涉及的相关利益主体众多,欺诈骗保情况频发,且形式多样,监管困难且容易出现漏洞。面对这一困境,目前不少省市已经以社会信用体系建设为载体,以培育参保单位、参保人员、定点医药机构良好信用为重点,推进社会信用体系建设,形成守信激励和失信惩戒机制,全面推进医疗保障诚信建设,引入并不断完善定点医药机构与参保人的信用管理机制,营造诚实守信的社会氛围。以浙江省为例。浙江省医保行业信用监管体系建设在温州、绍兴、嘉兴、湖州、金华等城市进行试点,其中医保医师信用监管机制建设在温州进行试点;零售药店信用监管机制建设在绍兴进行试点;嘉兴、湖州、金华等城市正在进行参保人员的信用监管机制建设试点。

典型案例

浙江省湖州市推出"个人诚信码",将参保人的医保信用分融入"个人诚信码"的整体信用评价中

湖州市个人诚信码以省公共信用信息平台自然人公共信用评价信息为基础,以个人信用承诺履约信息为核心,以县区以上党委、政府发布的表彰奖励信息为补充,以科学合理的综合评价模型为量化依

据,进而得出个人诚信码分值。诚信码总分值设计为850分,评价结果由高到低划分为"优秀、良好、待提升"三个等级,并形成与等级相对应的"蓝码、绿码、黄码"专属"诚信码"。湖州个人诚信码面向"蓝码"用户提供13大类百余项优惠便利的激励措施。同时,市民凭"蓝码"可在温州、嘉兴、金华等地享受旅游、餐饮住宿等优惠服务。

湖州市医疗保障参保人员的信用等级,共分为优秀(A≥850)、良好(800≤A<850)、中等(750≤A<800)、较差(700≤A<750)和差(A<700)五个大类。根据评价指标被评为优秀的参保人员可享受"个人诚信码"提供的"信易医"。"信易医"将可共享的湖州市个人诚信码评价信息,供医疗服务机构为个人提供医疗服务时参考使用。着眼于让信用好的个人享受更优惠的医疗服务价格,获得更优质的服务体验,实现"信用越好,医疗越便捷"。例如信用等级优秀的个人可在相关机构享受体检和洁牙服务价格优惠。体检和洁牙服务优惠通过提前预约、进店亮码或结账亮码方式享受。

(二) 统一区域异地结算政策

1. 逐步统一门慢、门特病种范围

现阶段异地就医门诊费用直接结算的难点和堵点主要集中在门慢、门特病种费用的跨省结算中[1][2]。门慢、门特政策实际是各统筹区基于基金支付能力、疾病谱及患者需求等因素,衍生出的具有明显区域差异的门诊政策。这种政策差异阻碍了异地结算政策的有效衔接,在一定程度上降低了参保人享受待遇的公平性。因此,建议在现有医保基本政策框架下,逐步实现长三角门慢、门特病种范围的统一,减少因病种

---

① 许正圆,徐伟,黄晓青,等.长三角地区异地就医门诊费用直接结算现状、模式及难点[J].卫生经济研究,2022,39(2):70-74.

② 段承阿鑫,常峰,路云.我国各省城镇职工基本医疗保险门诊特殊疾病政策比较研究[J].中国卫生事业管理,2017,34(5):342-345,369.

覆盖差异给异地就医门诊直接结算带来的障碍。在政策实施初期，建议按照《关于推进门诊费用跨省直接结算试点工作的通知》的要求，以高血压、糖尿病、恶性肿瘤门诊放化疗、尿毒症透析、器官移植抗排异治疗5个门慢、门特病种为抓手，推进这些病种在长三角范围内的互认及用药、诊疗项目、医疗服务设施的明细传输。

2. 逐步统一医保三大目录

为了努力实现长三角地区基本医疗保险的统一管理，建议提升区域医保统筹水平，扩大基本医疗保险的总体范围，统一基本医疗保险药品目录、医疗诊疗项目目录和服务设施项目范围，实现基本医疗保险资金在总体范围内的共享和调度。这是解决异地医疗保险结算问题的根本措施。部分异地患者报销待遇差的可能原因是个别省份医保目录与上海医保目录差异较大，导致直接结算和回参保地手工报销之间的费用差别较大。在短时间内无法完全统一全国医保目录的背景下，建议长三角优先探索药品、收费项目、耗材三大目录的统一之路。在统一目录编码的基础上，可以考虑由三省一市协商设立一个统一的专门用于异地就医结算的目录，相关待遇政策由各省根据自身的医保基金状况划定，从而解决由于目录差异造成待遇不公的问题。

（三）长期异地居住人员的就医地同质化管理

目前异地就医还是采取按项目结算，而不纳入就医地目前DRGs、按人头支付等支付改革，十分不利于医保控费，这给一些参保人流出严重的地区的医保基金造成了较大的压力。以安徽省马鞍山市为例，我们的调研显示，目前马鞍山参保人异地就医总费用约占马鞍山医保总支出的15%～20%，异地结算带来了较为严重的医保基金流失。

借鉴国际经验，方便的医保关系转换能够较好地解决这些结算问题。我国也一直在推行医保转移接续，以方便长期异地工作的人员转换参保地，但对于一些长期异地生活、无稳定劳动关系的居民（如长期异地照顾孩子的老人、从事家政服务的妇女等）来说，仍较难转换参保地。基于这些现况，可以探索将长期异地参保人纳入本地管理序列的措施与机制，通过区域协同交换实现同质化管理。这需要从利益相关者角度，针对长期异地居住人员本地同质化管理这个问题，进一步计量分析其中各方的利益诉求与冲突，厘清问题的堵点与根源，从而研制相关解决策略与方案。

三、长期发展展望

（一）推进跨区域分级诊疗

我们必须要承认长三角不同城市之间医疗资源配置的不均衡现象长期存在。如上海是中国乃至亚洲地区的医疗资源高地，具有极强的就医吸引力。国家医疗保障局异地就医备案的数据显示，作为就医地，备案人次最多的省市依次是北京、上海、广州，而其中备案到上海的有78万人次，数量位居全国第一。我们的调研结果也显示，以上海为就医地的异地就医结算量，超过了长三角异地就医结算总量的50%。可以预计，在新冠疫情带来的跨区域流动限制解除后，长三角地区跨省市"虹吸"现象将更加显著。

异地就医通常是医疗资源欠发达地区向发达地区寻求更优质医疗资源。但从整个医疗卫生资源配置角度上来讲，大量的单向异地就医无疑会给区域之间的资源配置带来影响，给输出地和输入地都带来严峻的挑战：一方面，大规模的异地患者给输入地医疗服务带来供给压力，冲击输入地的医疗秩序和对当地居民的服务能力；另一方面，也将导致流出地医疗资源闲置，医疗经费和保险基金持续缩水，从而使其医疗供给能力进一步下降，并继续加大"虹吸效应"。为此，习近平总书记2021年在福建三明考察时强调"十四五"期间要继续深化医药卫生体制改革，"做到大病不出省，一般病在市县解决，日常疾病在基层解决"，体现了党和国家对当前"虹吸"现象的高度关注，并指明了努力的方向。

尽管我们现在通过异地就医直接结算解决了异地就医报销难的问题，但其中迸发出的新增就医需求却可能给就医地医疗机构，尤其是大医院的门诊服务，带来更大的压力与冲击。当我们解决了异地就医直接结算难问题的同时，必须要考虑医疗资源相对丰富的地区医疗机构的压力，防止因此导致的原有医疗资源无法响应新增就医需求的情况发生。

"分级诊疗"一直是我国医改的重要内容。它能够很好地促进医疗资源合理配置，是避免出现"就医挤兑"的优选之策。为防止优质医疗资源比较集中的地区对相对不足地区造成的"虹吸效应"，处理好异地就医直接结算可能带来的医疗资源分配问题，长三角三省一市应当更积极地推动分级诊疗政策的实施，加大对分级诊疗理念的宣传力度，通过宣传引导患者首诊在基层，减少"小病大医""无序就医"等现象的发生，在缓解医院"挂号难""等待长"问题的同时，促进医疗资源更合理地配置。

要实现跨区域的分级诊疗，首先要做好目标定位以及相应的资源配置。在长三角一体化过程中，国家赋予上海"龙头"地位，这不是一种特殊"待遇"，而是一种责任和担当。在卫生健康领域，"龙头"的内涵就是要做亚洲医学中心，甚至全球医学中心。其定位是要代表国家参与国际医学领域的竞争，同时作为国家医学中心，要带动长三角区域医疗水平的整体提升。

长三角的其他中心城市，重点是做好国家区域医疗中心以及国家级医学中心建设，满足区域内疑难杂症患者的医疗需求。其他一般城市则根据自身的情况，做好不少于一家区域医疗中心建设，高质量解决普通的住院需求以及一般性疑难杂症的诊治。当然，各个城市的相关医学医疗中心都要积极赋能当地基层医疗机构，实现"强基层"的目标，实现城市内部的分级诊疗。

有了这样的定位，"龙头"和"龙身""龙尾"之间，就形成了跨区域的互补关系,患者就可以进行有序流动:常见病、大部分疑难杂症等都可以留在基层、区域医疗中心、国家区域医疗中心,极少数非常复杂的疑难重症患者可以通过绿色通道到国家医学中心进行诊治。其结果是中心城市不会再出现患者扎堆、"虹吸"基层等现象,患者的就医环境和就医体验也可以同步提升。同时,由于诊疗数量的减少,各级医学或医疗中心可以减少很多不必要的精力耗费,可以调动更多的资源错级赋能。

此外,当这种有序分工形成以后,同质竞争将大幅弱化,上级医学或医疗中心不再担心被下级"挖墙脚",双赢甚至多赢的格局成为可能。其结果是:"龙头"的水平不断提升,将带动整条龙水平的提升,同时"龙身"其他部分水平的提升又能促进"龙头"水平的进一步提升,区域内整个医疗体系就会形成良性的正向循环。医疗体系的效率将更高,费用将更低,患者的获得感更强,医生的满足感更高,一体化发展的目标才能够实现[①]。

(二)探索医保的全国统筹

从国际经验来看,异地就医问题的根源还在于不同地区医保政策巨大的差异。若能够实行全国统一的医保政策,能够从源头上解决目前所遇到的异地就医结算难题。目前,我国医疗保障至多只是达到省内统筹,距离全国统一还有很长一段距离,未来如何走,走到哪一步,有哪些障碍、风险还有待更多的研究与探索。

从2021年底开始,国家开始推动企业职工基本养老保险的全国统筹,这可以给我国医疗保险全国统筹提供很好的借鉴。人力资源和社会保障部在2021年印发的《人力资源和社会保障事业发展"十四五"规划》中明确提出:"在全国范围内统一企业职工基本养老保险参保缴

[①] 张录法,蒋锋,马玉龙.建立长三角分级诊疗新秩序[EB/OL].(2021-04-15)[2022-07-15].https://m.gmw.cn/baijia/2021-04/15/1302232144.html.

费、待遇调整等政策，统一基金收支管理制度，建立全国统一的信息系统和经办服务管理体系，建立中央与省级政府责任分担机制，适当加强中央事权。健全基金管理风险防控体系，建立中央对省级政府考核奖惩机制。"从文件中可以看到几个方面的内容：① 统筹缴费、待遇调整等政策；② 统筹基金收支管理制度；③ 统一经办服务体系；④ 建立全国信息系统；⑤ 建立中央与地方的责任分担机制；⑥ 健全风险防控体系；⑦ 建立考核奖惩机制。其中，①②③④可以看作是统筹的对象，⑤⑥⑦是实现前四个统一的机制与保障。

　　通过类比，大致可以看到中国医保"一盘棋"未来的走向，必然也是要在缴费待遇政策、基金收支管理制度、经办服务体系、信息系统这几个方面下功夫。从当下已经出台与将要出台的政策来看，医保信息系统的统一已经走在路上且取得了一定成果，医保经办服务体系的统一或将在未来1～2年内推出并实现，而较为困难的是医保缴费与待遇政策的统一，目前仍未见相关政策或指示出台，具体时间表难以预测。其难点不仅在于各地社会经济发展及医疗资源水平的差异，还在于其可行性的不确定。有专家指出，医疗保险体系与养老保险体系有一个很大的不同点在于，养老保险是一个政府—个人的两方博弈场景，而医疗保险则涉及政府—医疗机构—患者的三方博弈。基于目前全国发展水平差异较大的现况，医保待遇全国的统一会是较低水平的统一，若医疗保险只能保一些很基本的医疗服务，那国家医保与医疗机构的博弈能力势必大大降低，这样就很难发挥医疗保险对于医疗服务市场的指挥棒作用。综上，尽管医保的全国统筹是一条优选之路，但未来究竟该如何走，走到哪一步，还需要我们进一步探索。

参考文献

［1］ 陈滔,叶小兰,方辉军.社会医疗保险［M］.成都:西南财经大学出版社,
2019.

［2］ 陈叶盛.英国医疗保障制度现状、问题及改革［J］.兰州学刊,2007(8):
73-75.

［3］ 代宝珍,刘欢.协同理论视角下江苏省医疗费用异地即时结算研究［J］.
中国卫生经济,2019,38(4):20-22.

［4］ 戴伟,龚勋,王淼淼,等.医疗保险异地就医管理模式研究述评［J］.医院
管理论坛,2009,26(12):41-44.

［5］ 段承阿鑫,常峰,路方.我国各省城镇职工基本医疗保险门诊特殊疾病政
策比较研究［J］.中国卫生事业管理,2017,34(5):342-345,369.

［6］ 房珊杉,孙纽云,梁铭会.德国医疗保障体系改革及启示［J］.中国卫生
政策研究,2013,6(1):28-33.

［7］ 高阳.医保:美财政预算的沉重负担［J］.世界知识,2014,10(4):23.

［8］ 顾昕.全球性医疗体制改革的大趋势［J］.中国社会科学,2005(6):
121-128.

［9］ 顾昕.中国医疗保障体系的碎片化及其治理之道［J］.学海,2017(1):
126-133.

［10］顾昕.走向公共契约模式:中国新医改中的医保付费改革［J］.经济社会
体制比较,2012(4):21-31.

［11］国家卫生健康委员会.中国流动人口发展报告2018［M］.北京:中国人
口出版社,2010.

［12］何运臻,冯旅帆,侯志远.欧盟跨境就医管理模式对中国跨省异地就医的
经验借鉴［J］.中国卫生政策研究,2018,11(1):13-20.

［13］黄华波.异地就医直接结算宜循序渐进［J］.中国社会保障,2017（1）:84.

［14］贾康,张立承.改进新型农村合作医疗制度筹资模式的政策建议［J］.财政研究,2005（3）:2-4.

［15］贾馨璐.英国医疗保障制度对中国的经验借鉴［J］.消费导刊,2014（7）:32-33.

［16］金维加.深化医保制度改革　增强人民群众获得感幸福感安全感［J］.中国医疗保险,2021（7）:8-9,12.

［17］劳昕,沈体雁.中国地级以上城市人口流动空间模式变化:基于2000和2010年人口普查数据的分析［J］.中国人口科学,2015（1）:15-28,126.

［18］李芬,金春林,王力男,等.上海市外来就医现状及对医疗服务体系的影响分析［J］.中国卫生经济,2012,31（12）:42-45.

［19］李扬,汤青.美国国民健康现代化案例研究［J］.科学与现代化,2020（5）:83-93.

［20］李一陵.绩效考核助推医院高质量发展［J］.中国卫生人才,2021（5）:10-11.

［21］吕大伟,许宏,王伟俊,等.推动长三角地区跨省异地就医门急诊费用直接结算的实践［J］.中国卫生资源,2021,24（1）:48-51.

［22］罗益勤.坚持改革 利在人民:学习《关于卫生工作改革若干政策问题的报告》［J］.中国医院管理,1985（10）:10-13.

［23］苗前.大数据:新一代信息技术［J］.中国医疗保险,2021（8）:25.

［24］彭雅睿,施楠,陶帅,等.分级诊疗实施中家庭医生团队建设现状及对策研究［J］.中国全科医学,2020,23（1）:14-18.

［25］秦雪征,郑直.新农合对农村劳动力迁移的影响:基于全国性面板数据的分析［J］.中国农村经济,2011（10）:52-63,76.

［26］秦雪征,周建波,辛奕,等.城乡二元医疗保险结构对农民工返乡意愿的影响:以北京市农民工为例［J］.中国农村经济,2014（2）:56-68.

［27］任丽娜.美国医疗保险制度演进的新政治经济学研究［D］.沈阳:辽宁大学,2019.

［28］申曙光,侯小娟.我国社会医疗保险制度的"碎片化"与制度整合目标［J］.广东社会科学,2012（3）:19-25.

［29］ 孙淑云,郎杰燕.中国城乡医保"碎片化"建制的路径依赖及其突破之道
［J］.中国行政管理,2018(10):73-77.

［30］ 孙晓凡,陈旻洁,闻大翔,等.英、美、荷、澳、日分级诊疗实践的启示［J］.
中国卫生质量管理,2016,23(5):105-108.

［31］ 汤晓莉.英国国家卫生服务制度的起源及几次重大改革［J］.中国卫生
资源,2001(6):280-282.

［32］ 王东进.切实加强政府医保职能的重大举措 更好保障人民健康福祉的
时代变革:对组建国家医疗保障局的认知所及［J］.中国医疗保险,2018
(4):1-4.

［33］ 王东进.求医疗保险客观规律之真务参保人员身体健康之实［J］.国际
医药卫生导报,2004(21):5-7.

［34］ 王虎峰,元瑾.医保异地就医即时结算五大模式［J］.中国医院院长,
2014(20):67-69.

［35］ 王建中,王晓玲,张文.英、德医保"人头费"制度及经验借鉴［J］.中国
医疗保险,2016(10):69-72.

［36］ 王琬.中国异地就医直接结算:政策价值、实践效果与优化路径［J］.学
术研究,2021(6):89-95.

［37］ 王雁菊,孙明媚,宋禾.英国医疗保障制度的改革经验及对中国的启示
［J］.医学与哲学(人文社会医学版),2007(8):18-20.

［38］ 魏皖琳,冯国忠.基于美国医药分开经验探析加快我国药房剥离的政策
［J］.中国药物评价,2020,37(2):140-143.

［39］ 谢莉琴,胡红濮.异地就医直接结算政策执行的利益相关者分析［J］.社
会保障研究,2021(3):70-77.

［40］ 许正圆,徐伟,黄晓青,等.长三角地区异地就医门诊费用直接结算现状、
模式及难点［J］.卫生经济研究,2022,39(2):70-74.

［41］ 薛慧,顾原瑗.参保人异地就医报销就像在参保地一样方便 上海与浙江
"手拉手"［J］.中国医疗保险,2009(7):48-50.

［42］ 杨顺心,黄菊,代涛.英国全科医生制度发展经验与启示［J］.中国社会
医学杂志,2016,33(3):261-264.

［43］杨志平,刘运芳,樊代明.试论新型全科医生的激励机制［J］.中国卫生质量管理,2017,24（1）：98-100,105.

［44］占伊扬.坚守初心是医院和医保共同发展的基石［J］.中国医疗保险,2019（7）：27-28.

［45］张继波.大数据与计算机信息处理技术的应用［J］.电子技术,2021,50（8）：246-247.

［46］张录法,蒋锋,马玉龙.建立长三角分级诊疗新秩序［EB/OL］.（2021-04-15）［2022-07-15］.https://m.gmw.cn/baijia/2021-04/15/1302232144.html.

［47］赵斌,郭珉江.我国异地就医管理服务的发展沿革［J］.中国人力资源社会保障,2019（1）：39-41.

［48］赵鞾.异地门诊直接结算"花红果硕"［J］.中国社会保障,2019（8）：40-41.

［49］郑功成.中国社会保障改革与发展战略：理念、目标与行动方案［M］.北京：人民出版社,2008.

［50］周光清,夏瑶,崔华欠,等.我国城市社区健康管理的问题与对策研究［J］.中国全科医学,2018,21（7）：852-855.

［51］朱碧帆,李芬,王力男,等.2019年上海市卫生总费用核算结果与分析［J］.中国卫生经济,2021,40（4）：57-62.

［52］朱俊生.国家医疗保障局的新使命［J］.中国医疗保险,2018（4）：10.

［53］朱铭来,陈妍,王梦雯.美国医疗保障制度改革述评［J］.保险研究,2010（11）：36-48.

［54］竺乾威.从新公共管理到整体性治理［J］.中国行政管理,2008（10）：52-58.

［55］SCHECHTER R M, SKLAR D E. No surprises act and the provider/patient/payor dynamic backdrop[J]. American Bankruptcy Institute Journal, 2022, 41(2): 8-55.

［56］YIP W C, HSIAO W C, CHEN W, et al. Early appraisal of China's huge and complex health-care reforms[J]. Lancet London, 2012, 379(9818): 833-842.

索　引